한국어로 읽는 일본의 옛날이야기

韓国語で楽しむ 日本昔ばなし

キム・ヒョンデ＝韓国語訳・解説

IBCパブリッシング

装幀・イラスト＝浅 井 麗 子

韓国語DTP＝김 누　キム・ヌ GEEHM NOO

韓国語録音＝소 리 와 사 람 들　ソリワサラムドル SORIWASARAMDL

はじめに

「昔々あるところに…」で始まる昔ばなしは、語り手の祖父母、父母から子、孫へと何世代にもわたって語り継がれてきたものです。子どもの時に読んだり、聞いて以来、長い間忘れていたという方も、「桃太郎」「鶴の恩返し」「一寸法師」というタイトルを聞けば、そのストーリーを思い浮かばせることができるのではないでしょうか。

本書ではそんな誰でもなじみのある、また、これからの子どもたちにも残していきたい日本の昔ばなしを５編あつめ、シンプルな韓国語にまとめました。

本書で掲載されている韓国語は、シンプルですが、何百回声に出して読んでも耐えられる、むしろ読めば読むほど味わいが出てくる、そんな文章になっています。簡単な表現ですが、深い意味が込められ、美しい調べと楽しいリズムに満ちています。きっと声に出して読むことも、苦にならないはずです。

韓国語を話せるようになりたかったら、まずは韓国語を口に出して練習する「音読」が効果的です。発音だけでなく、イントネーションやリズムなど、最初はまねでもかまいません。何度もくり返し音読するようにしましょう。そうすることで、いつしかネイティブのような韓国語が口から出てくるようになってきます。

本書が皆さんの韓国語の学習に役立つことを願っています。

音読によって、頭の中に韓国語回路をつくる！

音読は、テキストを読むことで「目」を、声に出すことで「口」を、自分が音読した声を聞くことで「耳」を使っています。脳のメカニズムからも、より多くの感覚を使った方が、記憶力が良くなることがわかっています。

音読は脳のウォーミングアップになり、学習能力が高まります。前頭前野を全体的に活性化させる音読には、抜群の脳ウォーミングアップ効果があり、脳の学習能力、記憶力を高めるという実証済みのデータがあります。

トレーニングメニュー基礎編 リスニング力強化

以下の手順で、トレーニングを行ってください。音読による韓国語回路の育成が、リスニング力の向上につながることが実感できるはずです。

1 CDを聴く

本書に付属のCD-ROMには、それぞれの話を通しで収録したものと、1話の中で段落や会話の区切りといった、短いトラックごとに音声ファイルを分けたものがあります。まず、1話を通しで聴いて、どの程度理解できるかを確認してください。

2 日本語訳の音読

日本語訳を、内容を理解しながら音読しましょう。

3 細かいトラックごとに韓国語の文の音読

トラックごとに短く分けられた音声ファイルを使って、韓国語の文を目で追いながら、単語の発音を確認しましょう。次に、そのトラックの韓国語の文を音読します。この韓国語の文の音読を最低で3回は繰り返してください。

韓国語の文を音読する際に大切なことは、気持ちを込めて意味を感じながら声に出すことです。登場人物になりきって、魂を込めて音読すると、身体に染み込む度合いが高まります。

4 通しで聴く

再度、1話を通しで聴いて、どの程度内容を理解できるようになったかを確かめてください。

5 トラックごとに聴き直す

4で理解しづらかったトラックのファイルを再度聴き直し、さらに音読を繰り返してください。韓国語がはっきり、ゆっくりと聞こえてくるようになるはずです。

トレーニングメニュー応用編 読む、話す、書く力の強化

基礎編の後に以下のトレーニングを加えることで、リーディング力・スピーキング力・ライティング力を高めることができます。

● 韓国語の文の黙読でリーディング力アップ

韓国語の文を声に出さずに、なるべく速く黙読します。

目を韓国語の文の途中で止めたりせずに、左から右に流れるように動かしながら、韓国語の文の内容を理解していきます。

● シャドウイングでスピーキング力アップ

シャドウイングとは、テキストを見ずに、聞こえてきた韓国語をわずかに遅れながら話していくトレーニングです。影のようについていくことから、シャドウイングと呼ばれています。英語の習得によく使われている方法です。

短く分けたトラック・ファイルを順番に流しながら、そのファイルごとにシャドウイングに挑戦してみましょう。意味を理解しながら、CDに遅れずに話すことが目標です。

● **韓国語文の速写でライティング力アップ**

トラックごとに、テキストを見ながら音読し、次に、テキストを見ずに韓国語の文を声に出しながらノートに書きます。

「話すように書く」のがライティングの基本です。声に出すことで、身に付いた韓国語のリズムを助けとすることができ、さらに書くことによって、語彙・文法が定着してきます。

以上のようなトレーニングを繰り返せば、韓国語回路が育成され、韓国語力が高まっていきます。

音読のつぼ

ハングルは表音文字なので文字の通りに発音しますが、日本語のひらがなとは異なり「パッチム」があるため、発音が変わる場合があります。その代表的な韓国語の発音規則を以下にご紹介します。

つぼ その1

[1] 音節の終わりの音のルール①

韓国語のパッチムの音は［ㄱ, ㄴ, ㄷ, ㄹ, ㅁ, ㅂ, ㅇ］の7つの子音だけで発音する。パッチム「ㄱ, ㄲ, ㅋ」の代表音は［ㄱ］で、「ㄷ, ㅌ, ㅅ, ㅆ, ㅈ, ㅊ, ㅎ」は［ㄷ］、「ㅂ, ㅍ」は［ㅂ］で発音する。

例）책［책］　밖［박］　부엌［부억］　닫［닫］　밭［받］　옷［옫］　갔［갇］　낮［낟］
　　꽃［꼳］　놓［놛］　밥［밥］　잎［입］

［2］音節の終わりの音のルール②［二重パッチム］

二重パッチムの後ろに子音がつくと、二つのパッチムのうちの一つが代表音として発音される。

例）몫［목］ 앉다［안따］ 닭［닥］ 읽다［익따］ 여덟［여덜］

つぼ その2

［1］連音現象①

先行音節のパッチムの発音の後ろに母音で始まる音節が続く時、前の音節のパッチムの発音が後ろの音節の最初の音節に続いて発音される。

例）수건이에요［수거니에요］ 직업이 뭐예요［지거비 뭐예요］ 선생님이에요［선생니미에요］

［2］連音現象②

二重パッチムの後ろに母音がつくと、二つのパッチムをそれぞれ分けて発音する。この時、2つ目のパッチムは次の音節の最初の音になる。

例）읽어요［일거요］ 앉으세요［안즈세요］ 짧아요［짤바요］

［3］節音現象

合成語や単語の間で前のパッチムに母音が続くとき、パッチムがその母音に連音されずに、代表音として発音される。

例）옷 안［옫 안］ 몇 인분［멷 인분］ 꽃 이름［꼳 이름］

つぼ その3

［1］子音同化①

先行音節のパッチムの音が「ㄱ, ㄷ, ㅂ」で終わり、続く後行音節が鼻音化系列の子音「ㄴ, ㅁ」で始まる時、先行音節の最後の音「ㄱ, ㄷ, ㅂ」は［ㅇ, ㄴ, ㅁ］と発音される。

例）한국말［한궁말］ 작년［장년］ 믿는다［민는다］ 맏며느리［만며느리］ 십만［심만］
얼마입니까［얼마임니까］

[2] 子音同化②

先行音節のパッチム「ㅁ」と「ㅇ」の後ろに「ㄹ」がつくと「ㄹ」は [ㄴ] と発音される。

例) 종로 [종노]　정류장 [정뉴장]　음력 [음녁]

[3] 子音同化③

先行音節のパッチム「ㄱ, ㅂ」の後ろに「ㄹ」がつくと「ㄹ」の発音は [ㄴ] になり、変形した [ㄴ] のため「ㄱ, ㅂ」はそれぞれ鼻音 [ㄴ, ㅁ, ㅇ] と発音される。

例) 국립 [궁닙]　수업료 [수엄뇨]

つぼ その4

[1] 流音化

パッチム「ㄴ」は「ㄹ」の前または後ろで [ㄹ] と発音する。

例) 난로 [날로]　연락 [열락]　한라산 [할라산]　실눈 [실룬]

[2] 硬音化①

パッチム「ㄱ, ㄷ, ㅂ」の後ろにつく「ㄱ, ㄷ, ㅂ, ㅅ, ㅈ」は声を合わせて発音する。

例) 식당 [식땅]　학생 [학쌩]　듣고 [듣꼬]　십분 [십뿐]　잡지 [잡찌]

[3] 硬音化②

「-(으)ㄹ」の後ろに「ㄱ, ㄷ, ㅂ, ㅅ, ㅈ」がつくと [ㄲ, ㄸ, ㅃ, ㅆ, ㅉ] と発音される。

例) 쓸 거예요 [쓸 꺼예요]　갈 수 있어요 [갈 쑤 이써요]　살 집 [살 찝]

[4] 硬音化③

「ㄴ, ㄹ, ㅁ, ㅇ」の後ろに「ㄱ, ㄷ, ㅂ, ㅅ, ㅈ」がつくと [ㄲ, ㄸ, ㅃ, ㅆ, ㅉ] と発音することもある。

例) 문법 [문뻡]　한자 [한짜]　실수 [실쑤]　글자 [글짜]　곰국 [곰꾹]　점수 [점쑤]
용돈 [용똔]

[5] 硬音化④

合成名詞になる時、平音が硬音で音がする現象。合成名詞になってつけられた「사이 ㅅ」は省略されたり、[ㄷ] と発音することもできる。

例) 바닷가 [바다까 / 바닫까]　콧등 [코뜽 / 콛뜽]　햇살 [해쌀 / 핻쌀]　숫자 [수짜 / 숟짜]

[6] 激音化

「ㄱ, ㄷ, ㅂ, ㅈ」は「ㅎ」の前または後ろで激音化して [ㅋ, ㅌ, ㅍ, ㅊ] のような激しい音で発音される。

例) 축하해요 [추카해요]　좋다 [조타]　많다 [만타]　입학 [이팍]　좋지요 [조치요]

つぼ　その5

[1] 口蓋音化

パッチムの音「ㄷ, ㅌ」の後ろに「ㅣ」母音がつくと、「ㄷ, ㅌ」は [ㅈ, ㅊ] と発音される。

例) 해돋이 [해도지]　같이 [가치]　닫히다 [다치다]

[2] ‘ㄴ’ 添加

複合語での先行単語が子音で終わり、後行単語の最初の音節が「이, 야, 여, 요, 유」の場合は「ㄴ」の音を加えて発音する。

例) 시청역 [시청녁]　색연필 [생년필]　꽃잎 [꼰닙]　나뭇잎 [나문닙]

[3] ‘ㅎ’ 脱落

パッチム「ㅎ」が母音の前につくと発音しない。

例) 좋아요 [조아요]　많아요 [마나요]　싫어요 [시러요]　놓아요 [노아요]

細かく分けた音声の
ファイル名

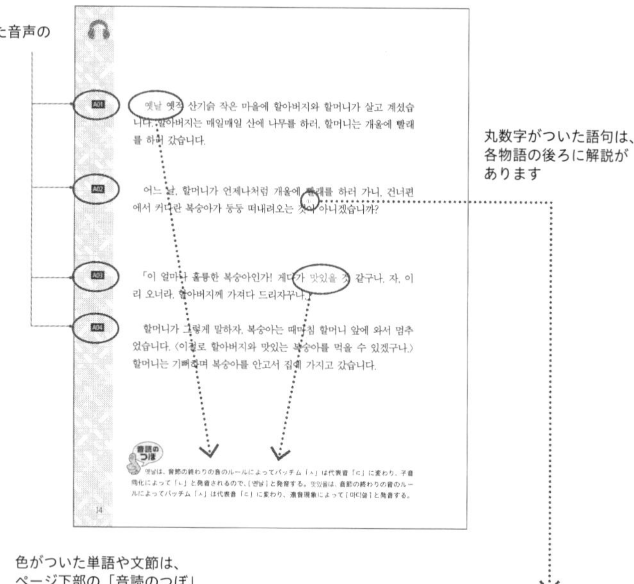

丸数字がついた語句は、
各物語の後ろに解説が
あります

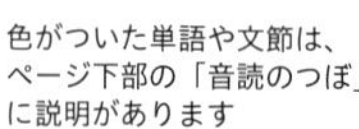
色がついた単語や文節は、
ページ下部の「音読のつぼ」
に説明があります

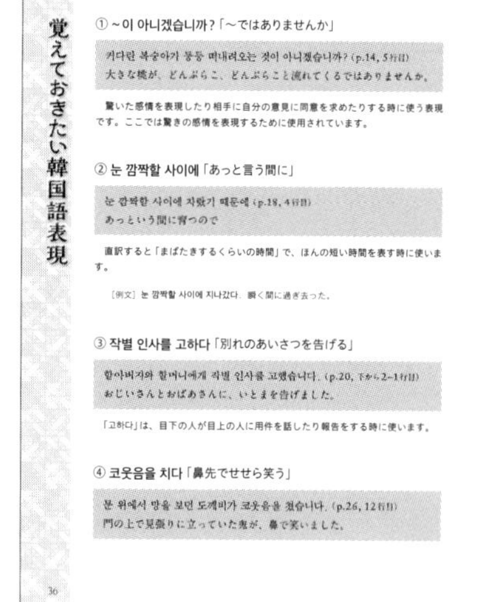

【付属 CD-ROM について】

本書に付属の CD-ROM は MP3 形式になっており、パソコンや MP3 プレーヤーで聴くことができます。音声の転送・再生につきましてはお使いの機器の説明書をご参照ください。

※このディスクは CD プレーヤーでは使用できません。

収録時間 1 時間 42 分 50 秒

目次

MP3
1
桃太郎
모모타로

A01 옛날 옛적 산기슭 작은 마을에 할아버지와 할머니가 살고 계셨습니다. 할아버지는 매일매일 산에 나무를 하러, 할머니는 개울에 빨래를 하러 갔습니다.

A02 어느 날, 할머니가 언제나처럼 개울에 빨래를 하러 가니, 건너편에서 커다란 복숭아가 둥둥 떠내려오는 것[①]이 아니겠습니까?

A03 「이 얼마나 훌륭한 복숭아인가! 게다가 맛있을 것 같구나. 자, 이리 오너라. 할아버지께 가져다 드리자꾸나.」

A04 할머니가 그렇게 말하자, 복숭아는 때마침 할머니 앞에 와서 멈추었습니다. 〈이걸로 할아버지와 맛있는 복숭아를 먹을 수 있겠구나.〉 할머니는 기뻐하며 복숭아를 안고서 집에 가지고 갔습니다.

音読のつぼ

옛날は、音節の終わりの音のルールによってパッチム「ㅅ」は代表音「ㄷ」に変わり、子音同化によって「ㄴ」と発音されるので、[옌날] と発音する。맛있을は、音節の終わりの音のルールによってパッチム「ㅅ」は代表音「ㄷ」に変わり、連音現象によって [마디쓸] と発音する。

昔々、山のふもとの小さな村に、おじいさんとおばあさんがおりました。おじいさんは、毎日、山へ芝刈りに、おばあさんは川へ洗濯にいきました。

ある日のこと、おばあさんがいつものように川へ洗濯にいくと、向こうから大きな桃が、どんぶらこ、どんぶらこと流れてくるではありませんか。

「なんて立派な桃なんじゃ！　それに、おいしそうだこと。ほれ、こっちにおいで。おじいさんに持って帰ってあげましょう」

おばあさんがそう言うと、桃はちょうどおばあさんの前に来て止まりました。これで、おじいさんとおいしい桃が食べられる。おばあさんはうれしくなって、桃をかかえあげると、家に持ってかえりました。

A05 이윽고 해가 저물자, 일을 마친 할아버지가 장작을 짊어지고 돌아왔습니다. 할머니가 복숭아를 보여주자 할아버지는 눈을 동그랗게 뜨더니 말했습니다.「이 얼마나 큰 복숭아인가. 맛있을 때 좀 먹자꾸나.」

A06 복숭아를 자르려고 할아버지는 복숭아를 도마 위에 내려놓았습니다. 하지만 할아버지가 자르기 전에 복숭아는 저절로 둘로 갈라졌습니다. 그러더니 그 안에서 아기가 나오는 것이 아니겠습니까.「으앙 으앙!」아기는 힘찬 울음소리를 내었습니다.

A07 할아버지와 할머니는 깜짝 놀랐지만, 매우 기뻤습니다. 두 분은 줄곧 아이를 갖고 싶어 했기 때문입니다.

A08 「이 아이는 신께서 보내주신 선물이야. 잘 돌보아주마.」

「이름은 뭐라고 짓지요?」

「복숭아에서 태어났으니 〈모모타로〉가 좋겠지.」

音読のつぼ

짊어지고は、二重パッチムの連音現象によって二つのパッチムをそれぞれ分けて [질머지고] と発音する。

やがて日が暮れると、仕事を終えたおじいさんが、薪を背負ってもどってきました。おばあさんが桃を見せると、おじいさんは目を丸くして言いました。「なんと大きな桃じゃ。おいしいうちに、さあ食べよう」

桃を割ろうと、おじいさんは桃を台の上に置きました。けれども、おじいさんが割るより先に、桃はひとりでにふたつに割れました。そしてなんと、中から、赤ん坊が出てきたではありませんか。「おぎゃあ！　おぎゃあ！」赤ん坊は元気な泣き声をあげています。

おじいさんとおばあさんは、びっくりしましたが、たいそう喜んでもおりました。ずっと子どもがほしかったからです。

「この子は神さまからの授かりものじゃ。しっかり世話してやらんとな」
「名はどうしましょう？」
「桃から生まれたんじゃ、桃太郎がいいじゃろう」

A09 그때부터 할아버지와 할머니는 모모타로를 몹시 귀여워하며, 소중히 소중히 길렀습니다.

A10 모모타로는 다른 아이와 성장이 달랐습니다. 아주 많이 먹고, 부쩍부쩍 크게 자라난 것입니다. [2]눈 깜짝할 사이에 자랐기 때문에, 얼마 안 가 힘이 센 훌륭한 젊은이가 되었습니다. 나라 제일의 힘센 장사, 그리고 나라에서 가장 착한 젊은이기도 했습니다.

A11 그런 모모타로의 소문은 나라를 다스리는 임금님의 귀에도 들어갔습니다. 어느 날 모모타로는 궁궐에 불려갔습니다. 〈도깨비를 퇴치해주지 않겠느냐〉고 임금님에게 부탁받은 것입니다. 그 무렵 도깨비는 온 나라를 휩쓸고 다녔습니다.

A12 「기꺼이 그 일을 맡겠습니다.」 모모타로는 용기 있는 착한 젊은이기에 조금도 망설이지 않았습니다.

젊은이は、二重パッチムの連音現象によって二つのパッチムをそれぞれ分けて［절므니］と発音する。

それから、おじいさんとおばあさんはたいそう桃太郎を可愛がり、大切に大切に育てていきました。

桃太郎は、ほかの子とは様子が違っておりました。どんどん食べて、どんどん大きく育っていくのです。あっというまに育つので、まもなく、力持ちの立派な若者となりました。国いちばんの力持ち。それから、国いちばんの優しい若者でもありました。

そんな桃太郎の評判を、国を治める殿様が聞きつけました。ある日、桃太郎は城に呼ばれました。「鬼を退治してくれぬか」と殿様から頼まれたのです。その頃、鬼は国中を荒しまわっておりました。

「喜んでお引き受けいたします」桃太郎は勇気ある、優しい若者でしたから、少しもためらいませんでした。

A13 집에 돌아와서, 모모타로는 할아버지와 할머니에게 머리를 숙이고 말했습니다.

「아버지, 어머니, 잠시 동안만 다녀오겠으니 허락해주세요.」

「도대체 어딜 간다는 게냐?」

「도깨비가 산다는 〈도깨비 섬〉입니다. 도깨비들이 나라를 망치고 보물을 빼앗지 못하도록 도깨비를 혼내주고 물리치러 갑니다.」

A14 할아버지와 할머니는 걱정이 되었지만, 모모타로의 결심을 바꿀 수는 없었습니다. 할아버지는 모모타로에게 칼과 갑옷을 내어주었고, 할머니는 수수경단(수수로 만든 과자)을 만들어주었습니다. 수수경단은 아주 맛있어서, 한입 먹는 것만으로도 큰 힘이 솟았습니다.

A15 모모타로는 갑옷을 입고 칼을 꽂았습니다. 그리고 수수경단 주머니를 허리에 차고서 할아버지와 할머니에게 ③작별 인사를 고했습니다.

音読のつぼ

걱정は、硬音化によってパッチム「ㄱ」の後ろに付く「ㅈ」は「ㅉ」と発音されるので、[걱쩡]と発音する。

家にもどると、桃太郎はおじいさんとおばあさんに頭を下げて、言いました。
「お父上、お母上、しばしのおいとま、お許しください」
「いったいどこへ行こうというのじゃ？」
「鬼が住むという《鬼が島》にございります。鬼めらが国を荒らして財宝を奪わぬよう、鬼をこらしめ、退治しにまいるのです」

おじいさんとおばあさんは心配でしたが、桃太郎の決心を変えることはできません。そこで、おじいさんは桃太郎に剣とよろいをわたし、おばあさんはきびだんご（きびでつくったお菓子）をつくってあげました。きびだんごは、たいそうおいしくて、ひとつ口にするだけで、大きな力がわいてきます。

桃太郎はよろいを身につけ、刀をさしました。それから、きびだんごの袋を腰から下げると、おじいさんとおばあさんに、いとまを告げました。

A16

그렇게 도깨비 섬으로 향하던 도중에 모모타로는 개를 만났습니다.

「멍, 멍, 모모타로님 어디에 가지?」

「도깨비 섬으로 가서 도깨비를 물리칠 거야.」

「허리에 찬 주머니는 뭐야?」

「일본 최고의 수수경단, 힘이 솟는 신기한 경단이란다.」

「그럼 나한테 하나만 줘. 그렇게 하면 모시고 갈 테니.」

「좋아, 먹어. 따라오렴.」

A17

이렇게 모모타로와 개가 도깨비 섬으로 향하고 있는데, 숲에서 원숭이를 만났습니다.

「우키키, 우키키, 모모타로님 어디에 가지?」

「도깨비 섬으로 가서 도깨비를 물리칠 거야.」

「허리에 찬 주머니는 뭐야?」

「일본 최고의 수수경단, 힘이 솟는 신기한 경단이란다.」

「그럼 나한테 하나만 줘. 그렇게 하면 모시고 갈 테니.」

「좋아, 먹어. 따라오렴.」

音読のつぼ

솟는は、音節の終わりの音のルールによってパッチム「ㅅ」は代表音「ㄷ」に変わり、子音同化によって「ㄴ」と発音されるので、[손는]と発音する。

そうして、鬼が島へ向かっている途中、桃太郎は犬に会いました。

「ワン、ワン、桃太郎どの、どこへ行く？」

「鬼が島にまいって、鬼退治ぞ」

「お腰につけた袋は何じゃ？」

「日本一のきびだんご、力のわく不思議なだんごじゃ」

「それなら、私にひとつ、くださいな。そうすりゃ、お供いたしましょう」

「よし、お食べ。ついてまいれ」

こうして、桃太郎と犬が鬼が島へ向かっていると、森でサルに会いました。

「キキ、キキ、桃太郎どの、どこへ行く？」

「鬼が島にまいって、鬼退治ぞ」

「お腰につけた袋は何じゃ？」

「日本一のきびだんご、力のわく不思議なだんごじゃ」

「それなら、私にひとつ、くださいな。そうすりゃ、お供いたしましょう」

「よし、お食べ。ついてまいれ」

A18 모모타로가 개와 원숭이랑 넓은 들판을 걷고 있는데, 이번에는 꿩이 날아왔습니다.

「꾸엉, 꾸엉, 모모타로님 어디에 가지?」

「도깨비 섬으로 가서 도깨비를 물리칠 거야.」

「허리에 찬 주머니는 뭐야?」

「일본 최고의 수수경단, 힘이 솟는 신기한 경단이란다.」

「그럼 나한테 하나만 줘. 그렇게 하면 모시고 갈 테니.」

「좋아, 먹어. 따라오렴.」

A19 이렇게 모모타로 일행이 차차 걸어가자 바닷가가 나왔습니다.

A20 개가 곧 큰 배를 발견했습니다. 모모타로는 말했습니다.

「저걸 타고, 도깨비 섬으로 가자.」

A21 하늘이 맑아지고, 아주 알맞은 방향으로 바람이 불었습니다. 개는 배를 젓고 원숭이는 키를 잡고 꿩은 망을 보았습니다.

音読のつぼ

바닷가は、合成名詞として硬音化によって [바다까 / 바닫까] と発音する。맑아지고は、二重パッチムの連音現象によって [말가지고] と発音する。

桃太郎と犬とサルが広い野原を歩いていると、今度はキジが飛んできました。

「ケーン、ケーン、桃太郎どの、どこへ行く？」

「鬼が島にまいって、鬼退治ぞ」

「お腰につけた袋は何じゃ？」

「日本一のきびだんご、力のわく不思議なだんごじゃ」

「それなら、私にひとつ、くださいな。そうすりゃ、お供いたしましょう」

「よし、お食べ。ついてまいれ」

こうして、桃太郎の一行がどんどん歩いていると、海辺に出ました。

犬がすぐさま大きな舟を見つけます。桃太郎は言いました。

「あれに乗って、鬼が島にまいろうぞ」

空は晴れわたり、ちょうどいい具合に、風が吹いていました。犬は舟をこぎ、サルは舵（かじ）をとり、キジは見張りをしています。

A22 얼마 뒤, 날카로운 눈으로 망을 보던 꿩이 소리쳤습니다.

「모모타로님, 도깨비 섬이야. 이 앞에 도깨비 무리의 시커먼 성이 보인다고.」

「오오, 알았어. 이대로 나아가자.」 모모타로는 모두에게 알렸습니다.

A23 개는 더욱 힘차게 배를 저었습니다. 원숭이는 키를 꽉 잡았고, 그 사이에 꿩은 염탐을 하기 위해 섬으로 날아갔습니다.

A24 이윽고 일행은 섬에 도착해, 도깨비의 성문 앞에 다다랐습니다. 문 앞에서 모모타로는 소리를 질렀습니다.

「당장 문을 열어라! 나는 모모타로, 너희들을 물리치러 왔다!」

「네가 우리를 물리친다고? 흥, 할 수 있으면 해보거라.」 문 위에서 망을 보던 도깨비가 ④코웃음을 쳤습니다. 문을 열어줄 생각은 없는 것 같습니다. 도깨비들은 상대가 누구인지 모르고 있었던 것입니다.

것입니다は、連音現象と子音同化によって [거심니다] と発音する。

少しして、鋭い目で見張りをしていたキジが叫びました。
「桃太郎どの、鬼が島じゃ。まっすぐの方向に、鬼どものまっ黒な城が見えまする」
「あいわかった。このまま進もうぞ」桃太郎はみなに告げました。

犬はいっそう力を込めて、舟をこぎだします。サルは舵をとりつづけ、その間にも、キジは偵察のため、島へと飛んでいきました

やがて、一行は島に着き、鬼の城の門の前にやってきました。門の前で、桃太郎は声をあげました。
「ただちに門を開けよ！　我は桃太郎、おまえたちを退治しにやってきた！」
「おまえが、おれたちを退治するだと？　ふん、できるものならやってみろ！」門の上で見張りに立っていた鬼が、鼻で笑いました。門を開ける気はないようです。鬼たちは、相手が誰だか、わかっていなかったのです。

A25 그러자 먼저 꿩이 도깨비들의 눈을 찔렀습니다.

A26 그다음에는 원숭이가 벽을 휙 올라가서 순식간에 문을 열었습니다. 그리고는 도깨비들에게 달려들어 손톱으로 할퀴었습니다.

A27 이번에는 개가 모모타로의 등장을 알렸습니다.
「모모타로님의 등장이다! 도깨비들아, 항복해라!」 개도 동료들에게 가세했습니다. 도깨비에게 뛰어들어 물어뜯었습니다.

A28 모모타로 일행이 너무나 강해서, 마침내 도깨비들은 외치기 시작했습니다.
「아야, 아파! 대장님, 도와주세요! 이 녀석들 너무 강해요.」

A29 밖이 소란스럽고 졸개들이 고함을 지르는 것을 듣고서는, 도깨비 대장이 성에서 나왔습니다.

순식간에は、硬音化によってパッチム「ㄱ」の後ろに付く「ㄱ」は「ㄲ」と発音されるので、［순식까네］と発音する。

そこで、まずキジが鬼たちの目を突きました。

お次はサルが壁をさっとのぼり、あっというまに門を開けました。サルは鬼たちに飛びかかり、爪で引っかいていきます。

それから、犬が桃太郎の参上を告げました。

「桃太郎どのの参上だ！　鬼たちめ、降参しろ！」それから、犬も仲間に加勢しました。駆けだして、鬼にかみついていきます。

桃太郎たちがあまりに強いので、とうとう鬼たちは叫びだしました。

「痛い、痛い！　大将、助けてください！　こいつら、強すぎですぜ」

外が騒がしく、手下どもが叫んでいるのを聞きつけて、鬼の大将が城から出てきました。

A30 「너는 누구냐?」

「나는 모모타로. 너희들을 물리치러 왔다!」

「세상에, 이 꼬마가! 웃기는구나! 할 수 있으면 해보거라.」 대장은 비웃었습니다.

한판 승부의 시작입니다.

A31 도깨비 대장은 몸집이 크고 힘이 셌습니다. 하지만 재빠른 쪽은 모모타로입니다. 모모타로는 대장이 내려찍는 쇠방망이를 살짝 비켜나더니, 상대의 허리를 잡고서는 「이얏!」 하고 내던졌습니다.

A32 땅바닥에 [5]내동댕이쳐져서, 대장은 축 늘어져 움직이지 못했습니다. 꼼짝하지 못하게 모모타로는 두 팔로 대장을 힘껏 눌렀습니다.

A33 그러자 마침내 대장도 아파서 고함을 질렀습니다.

「항복한다! 항복이다! 모모타로님, 부디 자비를. 우리 좀 살려주세요. 다시는 마을에 가지 않겠다고 맹세합니다. 나쁜 짓도 하지 않겠습니다.」

音読のつぼ

몸집は、硬音化によってパッチム「ㅁ」の後ろに連結される「ㅈ」は「ㅉ」と発音されるので、[몸찝] と発音する。땅바닥もまた、硬音化によってパッチム「ㅇ」の後ろに付く「ㅂ」は「ㅃ」と発音されるので、[땅빠닥] と発音する。

「おまえは何者だ？」

「我は桃太郎。おまえたちを退治しにやってきた！」

「なんと、この小童（こわっぱ）が！　笑わせる！　できるものならやってみろ！」大将はばかにして笑いました。

一騎打ちの始まりです。

鬼の大将は体が大きくて、力がありました。けれども、すばしこいのは桃太郎です。桃太郎は、大将が打ちおろす金棒をさっとかわすと、相手の腰をつかんで「えいや！」と投げとばしました。

地面にたたきつけられて、大将はぐったりと動けません。とどめとばかり、桃太郎は両の腕で、大将をぐいと押さえます。

すると、とうとう大将も痛くて叫びだしました。

「降参する！　降参だ！　桃太郎どの、どうか情けを。わしらを助けてください。もう二度と町に行かないと誓います。悪さもしません」

A34 대장이 울면서 부탁하자 모모타로는 그를 믿고서 용서해주기로 했습니다.

A35 「지금 한 말 잘 지켜라. 다시 그랬다가는 용서 없다. 당장 무찔러 주마.」

A36 도깨비들은 목숨을 건진 것에 감사하며, 마을 사람들로부터 빼앗은 것을 모두 돌려주었습니다. 모모타로 일행은 산처럼 쌓인 금은보화를 배에 싣고 돌아왔습니다.

A37 한편, 모모타로의 집에서 할아버지와 할머니는 모모타로가 무사하기를 바라면서 돌아오기를 기다리고 있었습니다.

「아무쪼록 모모타로에게 아무 일도 없도록……. 제발 모모타로가 무사하기를……. 도대체 그 아이는 언제 돌아오는 걸까…….」 할머니가 말했습니다.

A38 그때 밖을 바라보던 할아버지가 기쁜 듯이 소리를 질렀습니다.

「이야, 모모타로!」

音読のつぼ

쌓인は、「ㅎ」脱落によってパッチム「ㅎ」は母音の前に来ると発音しないので、[싸인]と発音する。

大将が泣いて頼むので、桃太郎は信じて、許してやることにしました。

「今言ったこと、しかと守れ。今度やったら承知はせん。すぐに成敗してやるぞ」

鬼たちは命を助けてもらったことに感謝して、町の人びとから奪ったものをすべて返しました。桃太郎たちは、山のような金銀財宝を舟に積んで帰りました。

さて、桃太郎の家では、おじいさんとおばあさんが桃太郎の無事を祈りながら、帰りを待っておりました。
「どうか桃太郎の身に何も起こりませぬように……。どうか桃太郎が無事でありますように……。いったい、あの子はいつ帰ってくるのやら……」おばあさんが言いました。

すると、外を見ていたおじいさんが、うれしそうに声をあげました。「ほれ、桃太郎じゃ！」

A39 그렇습니다. 개와 원숭이와 꿩을 거느리고 모모타로가 돌아온 것입니다. 선두에 선 것은 모모타로. 그 뒤로는 개와 원숭이가 ⑥금은보화를 가득 실은 짐수레를 끌고, 푸른 하늘 위에서는 꿩이 날아왔습니다.

A40 「모모타로, 너라면 해낼 거라고 생각했단다.」 할아버지가 말했습니다.

「무사해서 다행이구나.」 할머니도 말했습니다.

A41 이렇게 해서, 모모타로 일행은 모두 함께 오래오래 행복하게 살았습니다.

音読のつぼ

해낼 거라고は、硬音化によってパッチム「ㄹ」の後ろに付く「ㄱ」は「ㄲ」と発音されるので、[해낼 꺼라고] と発音する。행복하게は、激音化によってパッチム「ㄱ」は後ろに付く「ㅎ」と合わせて「ㅋ」と発音されるので、[행보카게] と発音する。

そう、犬とサルとキジを従えて、桃太郎が帰ってきたのです。先頭を行くのは、桃太郎。そのうしろでは、犬とサルが金銀財宝をいっぱいに積んだ荷車を引き、その上を、青空の中、キジが飛んでいます。

「桃太郎、おまえならやってくれると思っていたぞ」おじいさんが言いました。
「無事でよかったこと」おばあさんも言いました。

こうして、桃太郎たちは、みんなで長いこと幸せに暮らしましたとさ。めでたし、めでたし。

① ~이 아니겠습니까?「～ではありませんか」

커다란 복숭아가 둥둥 떠내려오는 것이 아니겠습니까? (p.14, 5行目)
大きな桃が、どんぶらこ、どんぶらこと流れてくるではありませんか。

驚いた感情を表現したり相手に自分の意見に同意を求めたりする時に使う表現です。ここでは驚きの感情を表現するために使用されています。

② 눈 깜짝할 사이에「あっと言う間に」

눈 깜짝할 사이에 자랐기 때문에 (p.18, 4行目)
あっという間に育つので

直訳すると「まばたきするくらいの時間」で、ほんの短い時間を表す時に使います。

［例文］눈 깜짝할 사이에 지나갔다. 瞬く間に過ぎ去った。

③ 작별 인사를 고하다「別れのあいさつを告げる」

할아버지와 할머니에게 작별 인사를 고했습니다. (p.20, 下から2–1行目)
おじいさんとおばあさんに、いとまを告げました。

「고하다」は、目下の人が目上の人に用件を話したり報告をする時に使います。

④ 코웃음을 치다「鼻先でせせら笑う」

문 위에서 망을 보던 도깨비가 코웃음을 쳤습니다. (p.26, 12行目)
門の上で見張りに立っていた鬼が、鼻で笑いました。

相手をからかうために使う表情で、相手を無視したりあざ笑ったりする時に使う慣用語です。

［例文］하도 말 같지도 않은 소리를 하니까 코웃음을 칠밖에. あまりにも話にもならないことを言うからせせら笑うしかない。

⑤ 내동댕이치다「おっぽり出す」

땅바닥에 내동댕이쳐져서（p.30, 9行目）
地面にたたきつけられて

人や物をある場所に投げ捨てるという意味です。

⑥ 금은보화「金銀や宝物」

개와 원숭이가 금은보화를 가득 실은 짐수레를 끌고（p.34, 2–3行目）
犬とサルが金銀財宝をいっぱいに積んだ荷車を引き

金、銀、玉などの貴重な宝物で、主に「山のような金銀の宝物」などの慣用語として使われます。

コラム

韓国語の分かち書き

現代の韓国語では日本語や中国語とは違い分かち書きをします。韓国では現在ハングル専用を施行していて、分かち書きがないと混同が生じる可能性があるからです。例えば、「고양이가죽을먹는다」という文章は、その分かち書きの仕方によって意味が全く異なります。「고양이가 죽을 먹는다（猫が粥を食べる）」と「고양이 가죽을 먹는다（猫の皮を食べる）」のようにです。

韓国語の分かち書きは、「全ての単語は分かち書きする」という大原則があるので、一見その規則はとても簡単そうに見えます。しかし、韓国語の分かち書きが難しい理由は、「場合によっては付けて書くこともある」など数多くの例外規定があるからです。現実的に韓国人で完璧な分かち書きをする人はほとんどいません。本来、ハングルには「分かち書き」がなかったのですが、漢字を使わなくなってから、文章の認知度を高めるため、「分かち書き」の重要性が高まったからです。そのため、韓国語は読む立場で混乱の余地がなければ原則を100%守らなくても、実際の使用には問題がありません。もちろん、韓国語の学者は、韓国語の分かち書き問題を明確に規定することができれば、韓国語の全ての文法的問題を解決できると述べています。

MP3 2

鶴の恩返し

은혜 갚은 학

B01

옛날 옛적 산골짜기 작은 집에 젊은이가 홀로 살고 있었습니다. 부모님은 이미 돌아가시고, 살림살이는 매우 가난했습니다. 의지할 것이라고는 땔나무를 주워서 마을에 내다 팔고 그것으로 받을 수 있는 돈뿐. 매일 숲에서 나뭇가지를 주워 ①그럭저럭 살고 있었습니다.

B02

그런데 초겨울 아침. 눈이 한창 내리는 가운데 언제나처럼 젊은이가 숲으로 향할 때 어디선가 통렬한 고함소리가 울려오는 것입니다. 〈동물이 내는 소리일까?〉 젊은이는 소리가 나는 곳으로 가보았습니다. 거기에는 상처 입은 학 한 마리가 있었습니다.

B03

빛나도록 아름다운 순백의 학이었습니다. 학은 날아오르지 못하고 눈 위에서 발버둥치고 있었습니다. 날개에 화살이 꽂혀 있던 것입니다.

B04

「가엾게도. 도대체 누가 이런 몹쓸 짓을 한 거지?」 마음씨 착한 젊은이는 중얼거렸습니다.

音読のつぼ

빛나도록は、音節の終わりの音のルールによってパッチム「ㅊ」は代表音「ㄷ」に変わり、子音同化によって「ㄴ」と発音されるので、[빈나도록] と発音する。꽂혀は、音節の終わりの音のルールによってパッチム「ㅈ」は代表音「ㄷ」で、激音化によって「ㅌ」と発音されるので、[꼬터] と発音する。

昔々、山あいの小さな家に、若者がぽつんとひとりで暮らしておりました。ふた親とはとうに死に別れ、暮らしぶりはたいそう貧しいものでした。頼りになるのは、たきぎを拾って町で売り、それでもらえるお金だけ。毎日、森でたきぎを拾い、なんとか暮らしておりました。

さて、冬のはじめの朝のこと。雪の降りしきる中、いつものように若者が森に向かうと、どこからか痛々しげな叫び声が響いてきます。「動物の声じゃろうか」若者は音のするほうに行ってみました。すると、そこには一羽の傷ついた鶴がおりました。

それは、輝かんばかりのみごとな純白の鶴でした。鶴は飛びたつことができずに、雪の上でもがいています。羽に矢が刺さっているのです。

「かわいそうに。いったい、誰がこんなひどいことをしたんかのう」心優しい若者は、つぶやきました。

B05 그리고는 학을 끌어안고서 살그머니 화살을 뽑아주고, 상처를 눈으로 씻어주었습니다. 그러고 나서 학을 땅에 내려놓고 겁먹지 않도록 뒷걸음질 치면서 천천히 학에게서 멀어져 갔습니다.

B06 학은 날개를 펴더니 날갯짓을 하고서는 하늘로 날아올랐습니다. 고맙다는 인사를 ②하려는 것인지, 젊은이의 머리 위를 빙빙 돌며 날았습니다. 그리고는 울음소리를 한 번 내더니 구름 속으로 사라졌습니다.

B07 그날 밤이 깊었습니다. 젊은이가 불을 쬐고 있는데 갑자기 똑똑 하며 문을 두드리는 소리가 나기 시작했습니다. 밖은 심한 눈보라가 치고 있었습니다. 〈도대체 누구지? 이렇게 늦게. 게다가 눈보라도 치고 있는데……〉라고 젊은이는 생각했습니다.

B08 그러면서 문을 열었는데, 소스라치게 놀랐습니다. 문 앞에는 아름다운 소녀가 서 있던 것입니다.

音読のつぼ

뒷걸음질は、音節の終わりの音のルールによってパッチム「ㅅ」は「ㄷ」、硬音化によって「ㄲ」と発音されるので、[뒤꺼름질]と発音する。

そうして、鶴を抱きかかえ、そっと矢を抜いてやると、傷を雪で洗ってやりました。それから、鶴を地面におろし、こわがらせないように、後ずさりしてゆっくりと鶴から離れていきました。

鶴は翼を広げて羽ばたきをすると、空に飛びたちました。お礼のつもりなのか、若者の上を、輪を描くように飛んでいます。それから、ひと声鳴くと、雲に消えていきました。

その晩遅くのこと。若者が火にあたっていると、不意にトントンと戸をたたく音がしてきました。外はひどい吹雪です。

「いったい誰じゃろう？　こんな遅くに、しかも吹雪いておるというのに……」若者は思いました。

それから戸を開けて、あっけにとられてしまいました。戸口には、美しいおなごが立っていたのです。

B09

젊은이가 말을 건네기 전에, 소녀가 입을 열었습니다.
「눈보라 때문에 길을 잃었어요. 하룻밤만 재워주시겠어요?」
「아아, 물론이지요. 안에 들어와 불을 쬐세요.」
젊은이는 소녀에게 따뜻한 국 그릇을 내밀었습니다.
「은혜를 입었습니다. 정말 고마워요.」
「마음 편히 계세요. 원하는 만큼 지내셔도 좋으니까.」

B10

그 후 며칠 동안 눈보라가 계속되었기에, 소녀는 며칠 동안 젊은이의 집에서 지냈습니다. 소녀는 부지런한 사람이었습니다. 젊은이는 소녀와 함께 있는 것이 ③기뻐서 견딜 수 없었습니다. 사라져버리면 얼마나 쓸쓸할까. 어느새 그렇게 생각하게 되었습니다.

B11

그러던 어느 날 아침, 소녀는 이렇게 말했습니다.「제발 저를 붙잡아주세요. 당신의 아내가 되고 싶어요.」젊은이는 믿을 수 없는 심정으로 그 얘기를 들었습니다.

音読のつぼ

하룻밤は、合成名詞として硬音化によって［하루빰 / 하룯빰］と発音する。믿을 수 없는は、連音現象、硬音化、子音同化によって［미들 쑤 엄는］と発音する。

若者が声をかけるより先に、おなごが口を開きました。
「吹雪で道に迷ったのです。ひと晩、泊めていただけませぬか？」
「ああ、もちろんじゃ。中で、火にあたってくだされ」
若者はおなごに温かい汁の椀をさしだしました。
「恩に着ます。ほんにありがたいこと」
「ゆっくりしてくだされ。好きなだけいてくれて、よいからのう」

それから何日も吹雪が続いたので、おなごは何日も若者の家で過ごしておりました。おなごは働き者でした。若者は、おなごといっしょにいるのが、うれしくてたまりません。いなくなってしまったら、どれほど寂しいことじゃろう。いつしかそう思うようになっておりました。

そんなある朝、おなごはこう言いました。「どうか、わたしをめとってくだされ。あなたさまの嫁になりたいのです」
若者は信じられない思いで、その言葉を聞きました。

B12 그리고는 얼굴을 붉히면서 대답했습니다.

「그렇지만 나는 이렇게 가난하다오. 당신을 행복하게 해줄 수 있을까?」

「그럴 거예요. 당신하고 둘이서 살 수만 있으면 좋아요. 그러면 저는 세상에서 가장 행복한 사람이 될 거예요.」

B13 그렇게 젊은이는 소녀를 아내로 맞아, 둘이서 행복하게 살았습니다.

B14 하지만 그해 겨울은 길고 매서웠습니다. 정월도 가까워 오는데, 두 사람에게는 ④설을 지낼 돈도 없었습니다.

B15 「어떻게 해야 할까. 이제 먹을 것도 다 떨어져가네.」 곤란한 나머지 젊은이는 말했습니다.

그러자 소녀는 잠시 생각을 하더니 대답했습니다.

音読のつぼ

곤란한は、流音化によってパッチム「ㄴ」は「ㄹ」の前で「ㄹ」と発音されるので、[골란한] と発音する。

それから、顔を赤らめながら、答えました。
「じゃが、わしはこんなに貧乏じゃ。あんたを幸せにはできんじゃろう」
「そんなこと。あなたさまとふたりで暮らせればよいのです。そうすれば、わたしはこの世でいちばんの幸せ者になれましょう」

こうして、若者はおなごを嫁にして、ふたりで幸せに暮らしておりました。

けれども、その年の冬は長く厳しいものでした。正月も近いというのに、ふたりにはお金がなく、祝いのしたくどころではありません。

「どうすればいいんじゃ。もう食べるものも尽きてきた」困りはてて、若者は言いました。
すると、おなごは少し考えてから答えました。

B16 「옆 방에 천을 짜는 베틀이 있었네요.」

「아아, 어머니 거였어. 아직 쓸 수 있지 않을까?」

「그러면 제가 천을 짜겠습니다. 하지만 제발 부탁인데, 천을 짜는 동안에는 절대로 방에 들어오거나 들여다보지 말아주세요. 약속해주실 거죠?」

「물론 약속해.」

젊은이는 〈별말을 다 하는구나〉 하고 놀라면서도 약속했습니다. 소녀를 아주 좋아했기 때문입니다.

B17 그 후, 소녀는 ⑤사흘 낮 사흘 밤을 베틀이 있는 방에 ⑥틀어박혀 있었습니다. 젊은이는 소녀의 몸이 걱정되었지만, 약속을 떠올리고서는 들여다보고 싶은 것을 꾹 참았습니다.

B18 이윽고 사흘째 되는 밤, 소녀는 간신히 나왔습니다. 모습은 수척해졌지만 활짝 웃고 있었습니다. 손에는 천 한 필이 들려 있었습니다.

「隣の小部屋に、はた織り機がありましたね」
「ああ、おっかさんのだった。まだ使えるんじゃないかのう」
「それなら、わたしが布を織りましょう。けど、後生ですから、布を織っている間は、決して部屋に入ったり、のぞいたりしないでくださいまし。約束してくれますね？」
「ああ、約束する」
若者は〈変わったことを言うものじゃ〉と驚きながらも、約束しました。おなごのことをとても好いていたからです。

それから、おなごは三日三晩、はた織り部屋にこもっておりました。若者はおなごの体が心配でしたが、約束を思い出し、のぞきたいのをぐっとこらえました。

やがて、三日目の晩、おなごはようやく出てきました。姿はやつれているものの、にっこりとしています。手には、布を一反、持っていました。

B19 「이것 봐요. 이걸 도성에서 팔아요. 틀림없이 비싸게 팔릴 거예요.」

정말 그것은 매우 아름다운 천이었습니다. 빛나도록 아름다운 순백. 부드럽고 가벼워서 마치 달빛으로 짠 듯했습니다. 이토록 아름다운 천을 젊은이는 본 적이 없었습니다.

B20 이튿날 젊은이는 천을 들고 도성의 포목상에게 갔습니다. 포목상은 천을 엄청 비싸게 사주었습니다.

B21 「네 덕분이구나. 이걸로 이번 겨울도 무사히 넘길 수 있겠어. 그래서 한 가지 부탁이 있는데, 한 번 더 천을 짜주겠니? 천을 사준 포목상이 더 많은 천을 갖고 싶어해. 될 수 있는 한 빨리 가져가면 그만큼 좋은 값에 사준다고 말했어. 우린 부자가 될 수 있을 거야.」

B22 젊은이의 얘기를 듣고 소녀는 잠시 가만히 있었습니다. 하지만 이윽고 쓸쓸하게 웃으며 말했습니다.

「네, 그럼 바로 천을 짤게요. 그래도 약속은 잊지 말아주세요. 천을 짜고 있는 동안은 절대로 엿보지 말아주세요.」

音読のつぼ

팔릴 거예요は、硬音化によって[팔릴 꺼예요]と発音する。될 수 있을は、同じように硬音化と連音現象によって[될 쑤 이쓸]と発音する。

「ほら。これを都（みやこ）で売ってらっしゃいな。きっと、高く売れましょう」

まったく、それはたいそう美しい布でした。輝かんばかりのみごとな純白。やわらかで軽くて、まるで月の光でこしらえたようです。これほど美しい布を、若者は見たことがありません。

あくる日、若者は布を持って、都の豪商のところに行きました。豪商は、布をたいそう高く買ってくれました。

「おまえのおかげじゃ。これでこの冬も無事に越せる。それで、ひとつお願いがあるんじゃが、もう一度、布を織ってくれんか。布を買った豪商が、もっとたくさんあの布をほしがっておってのう。できるだけ早く持っていけば、その分、よい値で買ってくれると言うてくれた。わしらは金持ちになれるんじゃ」

若者の言葉に、おなごはしばらくだまっておりました。が、やがて、さみしげに笑って、言いました。

「ええ。それなら、すぐに布を織りましょう。けど、約束は忘れないでくださいまし。布を織っている間は、決して見ないでくだされ」

B23 그날 밤부터 소녀는 천을 짜기 시작했습니다. 이튿날도 계속해서 짰습니다. 하지만 이전과는 짜는 소리가 달랐습니다. 베틀 소리는 드문드문, 전보다 느리고 무거웠습니다. 젊은이는 불안해졌습니다. 거기다가 힘겨운 듯한 목소리까지 간간이 들리는 것 같아 불안감은 더욱 심해져 갔습니다.

B24 〈그렇지만 보지 않겠다고 약속했으니까.〉 젊은이는 망설였습니다. 하지만 소녀가 걱정되고 걱정되어 견딜 수가 없었습니다. 마침내, 베 짜는 방에 그만 들어가고 말았습니다. 그런데 거기에는――소녀의 모습은 없었습니다. 베틀 앞에는 하얀 학이 한 마리 있었습니다. 군데군데 깃털이 빠진 학이……. 젊은이는 놀란 나머지 자신도 모르게 소리를 질렀습니다.

B25 학은 젊은이를 알아채고서는 소녀의 모습으로 돌아왔습니다.

B26 「맞아요, 저는 그날의 학이에요. 그날 목숨을 건진 은혜를 갚고 싶었어요. 당신의 아내가 될 수 있어서 행복했어요. 당신께서 돈이 필요하다고 하시니까……. 그래서 저는 깃털을 뽑아서 천을 짠 거예요.」

音読のつぼ

이튿날は、子音同化によってパッチム「ㄷ」の後ろに「ㄴ」がつく時は「ㄴ」と発音されるので、[이튼날]と発音する。

その晩からさっそく、おなごは布を織りはじめました。あくる日も、織りつづけました。けれども、この前とは織る響きが違います。はた織りの音はまばらで、前より遅く、重いのです。若者は不安になりました。そのうえ、苦しそうな声まで時折聞こえる気がして、不安はいっそうつのっていきます。

〈とはいえ、見ないと約束したからのう〉若者はためらいました。けれども、おなごのことが心配で心配でたまりません。とうとう、はた織り部屋に入ってしまいました。するとそこには——おなごの姿はありませんでした。はた織り機の前には、白い鶴がいたのです。ところどころ羽の抜けた鶴が……。若者は驚きのあまり、思わず声をあげました。

鶴は、若者に気づくと、おなごの姿にもどりました。

「そう、わたしは、あの日の鶴なのです。あの日、命を助けてもらった、その恩返しがしたかったのです。あなたさまの嫁になれて、わたしは幸せでした。あなたさまが、お金がいると言うから……それで、わたしは羽を使って布を織ったのです」

B27 「아아, 너라니. 미리 알았다면, 이런 걸…….」 젊은이는 울었습니다.

B28 「당신하고 둘이서 조용히 살고 싶었어요. 하지만 제 모습을 보이고 말아서 더는 곁에 있을 수 없어요.」

B29 젊은이는 필사적으로 말렸습니다. 「그건 안 돼. 가지마. 돈 따위[7] 필요 없어. 네가 있기만 하다면 그걸로 족해.」

B30 「갈 수밖에 없답니다. 안녕히 계세요, 여보.」 그렇게 말하고는 젊은이 앞에서 소녀는 새하얀 학으로 바뀌었습니다.

B31 그리고 학은 하늘로 날아갔습니다. 그 자리에 멈춰선 젊은이 위에서 원을 그리듯 날더니 가슴이 터질 듯한 울음소리를 한 번 내고서는 구름 속으로 사라져버렸습니다.

B32 그 후로 젊은이는 다시는 소녀를 만날 수 없었습니다.

「ああ、おまえ。知ってたら、こんなこと……」若者は泣きました。

「あなたさまとふたり、静かに暮らしていたかった。でも、姿を見られてしまったら、もはやそばにはおられませぬ」

若者は必死で止めました。「そんなのだめじゃ。行くな。金なぞいらん。おまえがいれば、それでいいんじゃ」

「行くしかないのでございます。さようなら、あなたさま」そう言うと、若者の前で、おなごは白い鶴に変わりました。

そうして、鶴は空へと飛びたちました。立ちすくむ若者の上で、輪を描くように飛び、それから、胸が張りさけそうな鳴き声をひとつあげると、雲に消えていきました。

このの ち、若者は二度とおなごに会うことはありませんでした。

① 그럭저럭「まがりなりにも」

매일 숲에서 나뭇가지를 주워 그럭저럭 살고 있었습니다.(p.40, 4行目)
毎日、森でたきぎを拾い、なんとか暮らしておりました。

大きく失敗したり、うまくいったりすることなくという意味です。

② ~(을/를) 하려는 것인지「～をするつもりなのか」

고맙다는 인사를 하려는 것인지 (p.42, 5行目)
お礼のつもりなのか

相手の行動を見て推測するに、～をしようとする意図に見える時に使います。

［例文］사과라도 하려는 것인지 우물쭈물거렸다. 謝罪でもするつもりなのかぐずぐずした。

③ 기뻐서 견딜 수 없다「うれしくてたまらない」

젊은이는 소녀와 함께 있는 것이 기뻐서 견딜 수 없었습니다.
(p.44, 8–9行目)
若者は、おなごといっしょにいるのが、うれしくてたまりません。

我慢できないほどの状態を表現する時に使います。

④ 설을 지내다「正月を過ごす」

두 사람에게는 설을 지낼 돈도 없었습니다.(p.46, 9行目)
ふたりにはお金がなく、祝いのしたくどころではありません。

名節、誕生日、記念日のような日を迎えて過ごすという意味で、「설을 쇠다」と表現したりもします。

⑤ 사흘「三日」

사흘 낮 사흘 밤 (p.48, 9行目)
三日三晩

韓国語における日付の数え方：하루 (一日)、이틀 (二日)、사흘 (三日)、나흘 (四日)、닷새(五日)、엿새(六日)、이레(七日)、여드레(八日)、아흐레(九日)、열흘(十日)

⑥ 틀어박혀 있다「引きこもっている」

베틀이 있는 방에 틀어박혀 있었습니다. (p.48, 9–10行目)
はた織り部屋にこもっておりました。

人がある場所から外に出歩かずに長く留まる時に使う表現です。

［例文］그는 대부분의 시간을 방에 틀어박혀 지낸다. 彼は大部分の時間を部屋に閉じこもって過ごす。

⑦ 따위「など / 何ぞ」

돈 따위 필요 없어 (p.54, 4–5行目)
金なぞいらん。

人や物事をさげすんで言いう語です。

コラム

外国人が苦手としている韓国語の発音

外国人たちが韓国語を学びにくい理由の一つがパッチムの発音です。特に、二重パッチムの発音がとても難しく感じますが、韓国語を母国語として使用する人も間違うことが多いです。

例えば、「세상은 넓다（世は広い）」の「넓다（広い）」は[널따]と発音しますが、[넙따]と間違えて発音したり、「땅을 밟다（土を踏む）」の「밟다（踏む）」は[밥따]と発音しますが、[발다]と間違って発音する場合があります。同じ「ㄹㅂ」パッチムなのに、「넓다」は[널따]、「밟다」は[밥따]と発音する理由は、例外規定によるものです。二重パッチム「ㄹㅂ」は二つの子音のうち、後ろの子音である「ㅂ」を脱落させ、前の子音である「ㄹ」を発音するのが原則です。しかし、「밟다」の場合は例外的に前の子音である「ㄹ」を脱落させて、後ろの子音である「ㅂ」を発音します。

このように、単語によって例外規定が設けられているのは、ほとんどの韓国人が「밟다」を実際には[밥따]と発音している現実があるからです。発音規則を定める際に、韓国人の実際の発音を考慮しなければなりませんが、このように同じ二重パッチムであるにもかかわらず、単語によって異なる発音を規定することで、ただでさえ複雑な二重パッチムの発音をさらに難しくし、韓国語を学ぼうとする外国人だけでなく、韓国語を母国語として使用する人たちでさえ、二重パッチムの発音が難しくなる結果をもたらしてしまいました。

MP3
3
かちかち山
카치카치 산

C01 옛날 옛적 어느 곳에 할아버지와 할머니가 행복하게 살고 있었습니다.

C02 할아버지는 이제 나이가 드셔서 밭일이 힘드십니다. 그런데 뒷산의 너구리 때문에 안 그래도 힘든 일이 점점 더 힘들어지고 있었습니다.

C03 너구리라는 것은 오소리 같은 동물로, 일본에서는 사람들에게 나쁜 짓을 하는 것으로 여겨지고 있습니다. 이 뒷산의 너구리도 마찬가지. 역시 나쁜 짓을 하고 있었습니다.

C04 그런데 어느 날 아침,「이 씨앗, 풍년을 데려오렴. 이 씨앗, 풍년을 데려오렴」하고 할아버지가 노래하면서 밭에 씨를 뿌릴 때였습니다.

音読のつぼ

밭일は、「ㄴ」添加によって、複合語では先行単語が子音に終わり、後行単語の最初の音節が「ㅣ」なので「ㄴ」を加えて[반닐]と発音する。

昔々あるところに、おじいさんとおばあさんが幸せに暮らしておりました

もう年でしたから、畑仕事は大変です。それなのに、裏山のタヌキのせいで、もともと大変な仕事が、ますます大変になっておりました。

タヌキというのは、アナグマに似た動物で、日本では人に悪さをするものとされています。この裏山のタヌキもそう。やっぱり悪さをしておりました。

さて、ある朝、「この種、豊作つれてこい。この種、豊作つれてこい」と、おじいさんが歌いながら、畑に種をまいた時のことです。

C05 할아버지가 점심을 먹으러 간 사이, 뒷산의 너구리가 찾아와 모처럼 뿌린 씨를 파내고는 전부 먹어치우고 말았습니다.

C06 할아버지가 돌아와 보니, 밭은 ①엉망진창이었습니다. 완전히 망쳐놓은 것입니다.

C07 「이 천벌을 받을 놈아! 밭에서 썩 나가지 못하겠느냐!」

「흥, 고작 씨앗만 뿌려놓고선 풍작이라니, ②어이가 없네. 밭일은 완전히 망했구나! 꼴 좋다!」 너구리는 코웃음을 치며 숲으로 도망갔습니다.

C08 할아버지는 마음씨 착한 분이셨지만, 아무래도 화가 났습니다. 너구리 녀석! 그래서 그날 오후는 부지런히 덫을 만들어 밭에 걸어놓았습니다.

C09 너구리라는 것이 나쁜 짓을 한다고는 해도 어차피 지혜는 없습니다. 그것은 뒷산의 너구리도 마찬가지. 이튿날 아침, 할아버지가 덫을 보러 갔더니, 너구리는 제대로 덫에 걸려 있었습니다. 바둥바둥거리고 있었지만 올가미에서 벗어날 수는 없습니다.

音読のつぼ

놓은は、「ㅎ」脱落によってパッチム「ㅎ」は母音の前に来ると発音しないので、[노은]と発音する。좋다は、激音化によって[조타]と発音する。

おじいさんが昼ごはんを食べに帰ったすきに、裏山のタヌキがやってきて、せっかくまいた種を掘りおこし、全部食べてしまいました。

おじいさんがもどってみると、畑はひどいありさまです。すっかり荒らされておりました。

「この罰当たりめ！　畑から出ていかんか！」
「フン、種から豊作ありゃしない。畑仕事はすっかりぱあだ！ざまあみろ！」タヌキはせせら笑って、森に逃げていきました。

おじいさんは気持ちの優しい人でしたが、さすがに腹が立ちました。タヌキのやつめ！　そこで、その午後はせっせと罠をつくって、畑にしかけておきました。

タヌキというのは、悪さをすると言っても、しょせん知恵はありません。それは、裏山のタヌキも同じこと。こうして、あくる朝、おじいさんが罠の様子を見にいくと、タヌキはちゃんと罠にかかっておりました。じたばたもがいていますが、罠から逃れることはできません。

C10 「허허허. 기분 좋구나.」이번에는 할아버지가 웃을 차례입니다.

C11 할아버지는 너구리의 네 다리를 단단한 새끼줄로 묶고서, 집에 데리고 돌아왔습니다.

C12 「마침내 너구리 녀석을 잡았어.」할아버지는 할머니에게 말했습니다.「부엌 천장에 매달아놨으니까, 잘 감시해줘. 저 녀석은 교활한 놈이잖아. 속지 않도록 조심해. 아아, 그래, 오늘 저녁은 너구리 국이 어때?」

C13 「네, 네, 제대로 조심할께요. 오늘 저녁은 맛있는 너구리 국을 만들께요.」

C14 할아버지는 밭으로 돌아갔습니다.

音読のつぼ

놈이잖아は、「ㅎ」脱落によってパッチム「ㅎ」は母音の前に来ると発音しないので、[노미자나] と発音する。않도록は、激音化によって [안토록] と発音する。

「はっはっは。いい気味じゃ」今度は、おじいさんが笑う番です。

それから、おじいさんは、タヌキの４本の足を頑丈な縄でしばりあげ、家に連れてかえりました。

「とうとう、タヌキのやつを捕まえた」おじいさんはおばあさんに言いました。「台所の天井につるしたからな。しっかり見張っておいてくれ。あいつは、ずる賢いやつじゃからのう。だまされんよう気をつけるんじゃ。おお、そうじゃ、今夜はタヌキ汁が食べたいのう」

「ええ、ええ。ちゃんと気をつけますよ。今夜はおいしいタヌキ汁をこしらえましょう」

おじいさんは畑にもどっていきました。

C15 그 사이 너구리는 가만히 입을 다물고 있었습니다. 그래도 할머니가 뭘 하는지는 몰래 엿보고 있었습니다.

C16 그러다가 할머니가 커다란 절구에 수수를 찧으려고 할 때, 너구리는 드디어 ③입을 떼었습니다.

C17 「할머니, 그동안 못되게 굴어서 죄송해요.」 너구리는 미안한 듯한 목소리로 말했습니다.「죽기 전에 제발 제가 도와드릴 수 있게 해주세요. 그 절굿공이는 크고, 할머니에게는 너무 무거워요. 할머니 같은 어르신에게는 아주 힘든 일이잖아요.」

C18 「그런 거짓말 따위에 내가 속을까 보냐.」 할머니는 대답했습니다.

音読のつぼ

거짓말は、音節の終わりの音のルールによってパッチム「ㅅ」は代表音「ㄷ」に、そして子音同化によって「ㄴ」と発音されるので、[거진말]と発音する。

その間、タヌキはじっとだまっておりました。けれども、おばあさんのすることを、こっそり伺っていたのです。

そうして、おばあさんが大きな臼できびをつこうとした時、タヌキはようやく口を開きました。

「おばあさん、これまで悪さをしてきて、ごめんなさい」タヌキは申し訳なさそうな声で言いました。「死ぬ前に、どうかおれに手伝いをさせてください。その杵(きね)は大きいし、おばあさんには重すぎます。おばあさんみたいなお年寄りには、さぞつらい仕事でしょう」

「そんな嘘をつくんじゃない。だまされませんよ」おばあさんは答えました。

C19 「거짓말이 아니에요. 저는 단지, 죽기 전에 하나만이라도 좋은 일을 하고 싶을 뿐이에요.」 너구리는 간절히 호소했습니다.

C20 할머니는 마음씨 착한 분이셨습니다. 그래서 그만 너구리를 믿고서는 ④돌이킬 수 없는 일을 해버리고 말았습니다. 새끼줄을 풀어준 것입니다. 그랬더니 너구리는 무겁고 커다란 절굿공이를 붙잡고 약속대로 거들어주는――것이 아니라, 이럴 수가! 할머니의 머리에다가 힘껏 절굿공이를 내려찧는 것입니다.

C21 저녁이 되어 할아버지가 농사일을 마치고 지쳐서 돌아왔습니다. 그런데 집에는 ⑤차갑게 식은 할머니의 모습이 보이는 것이 아니겠습니까. 너구리는 이미 사라져버린 뒤였습니다.

C22 그 광경을 보고 할아버지는 무슨 일이 일어났는지 알아챘습니다. 하지만 너무나 슬퍼서 어떻게 해야 할지 몰랐습니다.

音読のつぼ

알아챘습니다は、連音現象、音節の終わりの音のルール、子音同化によって [아라챈씀니다] と発音する。

「嘘なんかじゃありません。おれはただ、死ぬ前にひとつくらい、よいことをしたいだけなんです」タヌキは切々と訴えます。

おばあさんは心の優しい人でした。それで、ついタヌキを信じて、取りかえしのつかないことをしてしまいました。縄をほどいてやったのです。すると、タヌキは重くて大きな杵をつかんで、約束どおり手伝う……のではなく、なんということ！　おばあさんの頭めがけて、力いっぱい杵を振りおろしました。

夕方、おじいさんが農作業を終えて疲れてもどると、家には、冷たくなったおばあさんの姿がありました。タヌキは消えておりました。

それを見て、おじいさんは何が起こったのかわかりました。けれども、悲しくて悲しくて、どうしたらいいのかわかりません。

C23 그렇게 눈물을 뚝뚝 흘리고 있는데, 사이 좋게 지내던 흰토끼가 찾아왔습니다.

C24 「왜 그래요? 할아버지. 왜 그렇게 울고 계세요?」 흰토끼는 어떻게 된 일인지 물어보았습니다.

C25 할아버지는 모두 얘기해주었습니다. 이야기를 듣고서 토끼도 울었습니다. 할머니를 정말로 좋아했기 때문입니다. 토끼는 할머니의 원수를 갚겠다고 맹세했습니다.

C26 다음날 토끼는 너구리가 사는 산으로 떠났습니다. 일부러 큰소리로 풀을 베면서 너구리를 유인합니다.

そうして、涙をぽろぽろこぼしていると、仲よしの白ウサギがやってきました。

「どうしたの？　おじいさん。そんなに泣いているなんて」白ウサギは尋ねました。

おじいさんは何もかもを話しました。話を聞くと、ウサギも泣きました。おばあさんが大好きだったのです。ウサギはおばあさんのかたきをとると誓いました。

あくる日、ウサギはタヌキの住む山へと出かけました。わざと大きな音をたてながら茅（かや）を刈って、タヌキをおびきよせます。

C27

너구리는 무슨 일이든 참견하고 싶어 하는 성격입니다. 그래서 토끼가 생각한 대로 옆에 다가와 물었습니다.

「애, 토끼야. 너 왜 풀를 베고 있니?」

「올해 겨울은 힘겨울 것 같아. 그러니 이걸로 오두막을 지으려고 해. 그렇게 하면 추위를 견딜 수 있으니까.」

「도와주면 나도 오두막집에 들어갈 수 있을까?」

「아, 물론이야. 그럼 이 짐을 옮겨줄 수 있겠니?」

그렇게 말하고, 토끼는 너구리의 등에 한 다발의 풀을 얹어주었습니다.

주의에 주의를 기울여 단단히 묶어두었습니다. 그래서 쉽게 짐을 내릴 수가 없습니다.

C28

너구리가 산을 내려오기 시작했습니다. 토끼는 뒤에서 살며시 다가와 〈딱딱! 딱!〉 부싯돌을 치기 시작했습니다.

「애, 토끼야. 딱딱 소리가 나는데 그게 뭐지?」

「너는 아무것도 모르는구나. 저건 딱딱 산의 딱딱⑥거리는 새야.」

「그렇군. 물론 알고 있지.」

音読のつぼ

옮겨줄は、二重パッチムの音節の終わりの音のルールによって二重パッチムの後ろに子音が来ると、二つのパッチムのうち一つが代表音として発音されるので、[옴겨줄] と発音する。

タヌキは、何にでも首を突っこみたがる性分です。だから、ウサギが思ったとおり、そばにやってきて尋ねました。

「おい、ウサギ。おまえ、なんで茅(かや)なんか刈っているんだ？」

「今年の冬は、厳しいらしいよ。だから、これで小屋をつくろうと思ってね。そうすりゃ、寒さをしのげるから」

「手伝ったら、おれも小屋にはいれるか？」

「ああ、もちろん。じゃあ、この束を運んでもらえるかい？」

そう言うと、ウサギはタヌキの背中に、茅の大きな束をのせました。

念には念を入れて、しっかりとくくりつけておきます。これで、簡単におろすことはできません。

タヌキが山をおりはじめました。ウサギは、うしろからそっと近づいて——カチ、カチ！　火打石を打ちはじめました。

「おい、ウサギ。かちかちって音がするが、ありゃ何だ？」

「君はものを知らないね。あれは、かちかち山のかちかち鳥さ」

「そうだよな。もちろん、知ってたさ」

C29 그러다가 조금씩 부싯돌의 불꽃이 풀을 태우기 시작했습니다. 풀이 〈탁탁〉 하며 소리를 냅니다. 너구리는 다시 물었습니다.

「얘, 토끼야. 탁탁 소리가 나는데 그게 뭐지?」

「너는 아무것도 모르는구나. 저건 탁탁 산의 탁탁거리는 새야.」

「그렇군. 물론 알고 있지.」

C30 풀은 조금씩 불꽃을 피워갔습니다.

「얘, 토끼야. 오늘은 좀 덥지 않니?」

답이 없습니다.

C31 「얘, 토끼야?」

그러자 대답 대신에 풀이 타올랐습니다.

C32 「살려줘! 불이야! 아 뜨거, 타버리겠어!」 너구리는 소리쳤습니다.

등의 짐 다발을 내리려고 했지만, 단단히 묶여 있어서 내려지지 않습니다. 〈서둘러, 서둘러!〉 너구리는 전속력으로 강으로 달려갔습니다.

묶여は、連音現象によって [무껴] と発音する。

そのうちに少しずつ、火打石の火花が茅を燃やしはじめました。茅がパチパチと音を立てます。タヌキはまた尋ねました。

「おい、ウサギ。ぱちぱちって音がするが、ありゃ何だ？」

「君はものを知らないね。あれは、ぱちぱち山のぱちぱち鳥さ」

「そうだよな。もちろん、知ってたさ」

少しずつ、茅は炎をあげていきました。

「おい、ウサギ。今日はちょっと暑くねえか？」

答えはありません。

「おい、ウサギ？」

すると、答えのかわりに、茅が燃えあがりました。

「助けてくれ！　火事だ！　アチチ、焼けちまう！」タヌキは叫びました。

背中の束をおろそうとしますが、しっかりくくりつけられているので、おろせません。急げ、急げ！　タヌキは全速力で、川へと走りました。

C33

다음날, 토끼는 된장을 가득 채운 항아리를 가지고 너구리에게 갔습니다(된장은 콩을 발효시킨 조미료로 다소 염분이 강한 것입니다).

C34

「어이, 어제는 어디 갔었어? 내 짐 다발에서 불이 났어. 이 등을 좀 봐.」

「불이 붙은 것이 보여서 ⑦도움을 청하러 간 거야.」 토끼는 모르는 척 대답하고는 말했습니다. 「이것 봐, 된장을 가져왔어.」

「된장 따위로 어떻게 하겠다는 거야?」

「너는 아무것도 모르는구나. 된장이 화상에 좋다는 걸 모르니?」

「그렇군. 물론 알고 있지. 그럼 등에 발라줘. 몹시 아프니까.」

「좋아. 맡겨줘. 그런데 말해두지만, 잘 듣는 대신 얼얼할 거야.」 그렇게 말하면서 토끼는 소금이 듬뿍 들어간 된장을 아직 아물지 않은 상처에 발랐습니다.

音読のつぼ

얼얼할 거야は、連音現象によって［어럴］、硬音化によって［할 꺼야］と発音されるので、［어럴할 꺼야］と発音する。

あくる日、ウサギは味噌をたっぷり詰めた壺を持って、タヌキのところに行きました（味噌は大豆を発酵させた調味料で、たいそう塩分のつよいものです）。

「おい、昨日はどこに行っちまった？　おれの束から火が出たぞ。この背中を見ろ」
「火がついたのが見えたから、助けを呼びにいったんだ」ウサギはおだやかに答えて、言いました。「ほら、味噌を持ってきたよ」
「味噌なんて、どうすりゃいいんだ？」
「君はものを知らないね。味噌がやけどに効くって知らないのかい？」
「そうだよな。もちろん、知ってたさ。じゃあ、背中にぬってくれ。ひどく痛むからな」
「いいよ。まかせて。でも、言っておくけど、よく効くかわりにヒリヒリするよ」そう言うと、ウサギは、塩がたっぷり入った味噌を、まだ新しい傷に塗りこめていきました。

C35 「아야야! 따끔따끔거려! 얼얼해! 아프잖아!」 너구리가 외칩니다.

「그렇게 떼쓰지 마. 내일이면 아프지 않게 될 거야. 된장은 그대로 발라둬. 절대로 닦으면 안 돼.」 그렇게 말하고 토끼는 돌아갔습니다. 새침하게 웃으면서…….

C36 다음날 아침, 굴 속에 있던 너구리는 토끼가 바닷가로 가는 것을 보고서 뒤따라갔습니다.

C37 「안녕, 너구리구나. 좋은 아침이야. 어때, 화상은 나았어?」

「아아, 조금. 된장 고마웠어. 이거 따끔거렸지만 잘 듣네. 넌 바닷가에 뭐 하러 가니?」

「배를 만들어서 바다에 큰 물고기를 낚으러 갈 거야.」

「나도 큰 물고기를 낚고 싶어. 내게도 배를 만들어 줘.」

「아, 좋아. 그러면 진흙을 가져와.」

「어째서?」

「너는 아무것도 모르는구나. 너는 나보다 무게가 무거우니까, 나무 배로는 가라앉고 말겠지. 그래서 더 단단한 진흙으로 배를 만드는 거야.」

「그렇군. 물론 알고 있지.」 너구리는 진흙을 잔뜩 날라왔습니다.

音読のつぼ

물고기は、硬音化によって「ㄹ」の後ろに「ㄱ」がつくと「ㄲ」と発音されるので、[물꼬기]と発音する。

「いたた！　チクチクするぞ！　ヒリヒリするぞ！　痛いじゃないか！」タヌキが叫びます。

「そんなに駄々をこねるなよ。明日になったら、痛くなくなるさ。味噌はそのままつけておくんだよ。絶対にぬぐっちゃいけないよ」そう言うと、ウサギは帰りました。しめしめと笑いながら……。

次の朝、穴ぐらにいたタヌキは、ウサギが海辺にいくのを見かけて、あとをついていきました。

「やあ、タヌキか、おはよう。どう、やけどはよくなったかい？」

「ああ、ちょっとな。味噌をありがとよ。ありゃヒリヒリしたが、効いたぞ。おまえ、浜に何しにいくんだ？」

「舟をつくって、海に大きな魚を釣りにいくんだ」

「おれも大きな魚を釣りてえな。おれにも舟をつくってくれ」

「ああ、いいよ。それなら、泥を持ってきて」

「どうしてだ？」

「君はものを知らないね。君はぼくより目方があるから、木の舟じゃ沈んでしまうだろ。だから、もっとしっかりしている泥で、舟をつくるんだ」

「そうだよな。もちろん、知ってたさ」タヌキはたくさんの泥を運んできました。

C38 토끼는 소나무로 자기 배를 만들었습니다. 그리고 너구리에게는 송진을 섞은 진흙으로 배를 만들어주었습니다.

C39 「준비됐어? 출발이다.」 토끼와 너구리는 배를 저어 갑니다.

C40 이윽고 바다 한가운데까지 오자, 토끼는 ⑧콧노래를 부르면서 대패로 배 가장자리를 톡톡 두드리기 시작했습니다.

C41 「얘, 뭐해?」 너구리가 묻습니다.

「너는 아무것도 모르는구나. 이렇게 하면 큰 물고기가 몰려온다고.」

「그렇군. 물론 알고 있지.」 그렇게 말하면서 너구리도 진흙 배를 툭툭 두드리기 시작했습니다. 그러자 배에 금이 가더니——그 틈으로 물이 점점 들어왔습니다.

音読のつぼ

콧노래は、音節の終わりの音のルールによってパッチム「ㅅ」が代表音「ㄷ」に、子音同化によって「ㄴ」と発音されるので、[콘노래] と発音する。

ウサギは松の木で自分の舟をつくりました。それから、タヌキには、松やにを混ぜた泥で舟をこしらえました。

「準備はいいかい？ 出発だ」ウサギとタヌキは舟をこいでいきます。

やがて、海のまん中までくると、ウサギは鼻歌をうたいながら、櫂（かい）で舟のへりをトントンとたたきはじめました。

「おい、何してる？」タヌキが尋ねます。

「君はものを知らないね。こうすると、大きな魚が寄ってくるんだ」

「そうだよな。もちろん、知ってたさ」そう言うと、タヌキも泥の舟をトントンとたたきはじめました。すると、舟にひびが入りだし——ひびから水がどんどん入ってきました。

C42

「살려줘, 토끼야! 살려줘! 배가 가라앉아. 나는 헤엄을 못 친다고!」 너구리가 외쳤습니다.

「그렇군. 물론 알고 있지.」 그러면서 토끼는 배를 조용히 바닷가로 돌렸습니다. 그리고 못된 짓을 한 너구리를 바다에 남겨두고 돌아갔습니다.

「助けてくれ、ウサギ！　助けてくれ！　舟が沈んじまう。おれは泳げねえんだ！」タヌキが叫んでいます。

「そうだよな。もちろん、知ってたさ」そう言って、ウサギは舟を静かに浜へともどしました。そうして、悪さをするタヌキを海に残していきました。

① 엉망진창「めちゃくちゃ」

밭은 엉망진창이었습니다.（p.62, 3行目）
畑はひどいありさまです。

仕事や物が自分勝手にもつれてひどく見当がつかなくなってしまった状態を表す時に使います。

② 어이가 없다「あきれる」

씨앗만 뿌려놓고선 풍작이라니, 어이가 없네.（p.62, 6行目）
種から豊作ありゃしない。

あまりにも膨大だったり意外だったりするのであきれる時に使う表現です。

［同義語］ 어처구니가 없다

③ 입을 떼다「話し出す」

너구리는 드디어 입을 떼었습니다.（p.66, 3–4行目）
タヌキはようやく口を開きました。

直訳すると「口を開ける」という意味で、口を閉じている状態から何かを話し始める時に使う表現です。

④ 돌이킬 수 없는「取りかえしのつかない」

너구리를 믿고서는 돌이킬 수 없는 일을 해버리고 말았습니다.（p.68, 3–4行目）
タヌキを信じて、取りかえしのつかないことをしてしまいました。

「後戻りができない」という意味で、普通は「してしまいました」と一緒に使います。

⑤ 차갑게 식다「冷たく冷える」

집에는 차갑게 식은 할머니의 모습이 (p.68, 9行目)
家には、冷たくなったおばあさんの姿が

ここではおばあさんの死を表現するために使われています。

⑥ ~거리다「～する」

딱딱거리는 새야. (p.72, 下から2行目)
かちかち(いう)鳥さ。

ある行為を意味なく繰り返すこと。

［例文］건들건들거리다. ふらふらする。 오물오물거리다. もぐもぐする。

⑦ 도움을 청하다「助けを頼む」

불이 붙은 것이 보여서 도움을 청하러 간 거야. (p.76, 5行目)
火がついたのが見えたから、助けを呼びにいったんだ。

「청하다」は頼む、要求する、望むなどの意味で使われます。

［例文］노래를 청하다. 歌を求める。

⑧ 콧노래를 부르다「鼻歌を歌う」

토끼는 콧노래를 부르면서 (p.80, 4行目)
ウサギは鼻歌をうたいながら

主に気分が良い時、自分でも知らないうちに鼻歌を歌うようになります。「事が楽にできたり、思い通りにできたりすることに満足し、楽しく行動する」という意味でもあります。

MP3
4
花咲か
じいさん
꽃 피우는 할아버지

D01 옛날 옛적 작은 마을에 정직한 할아버지와 할머니가 살고 있었습니다. 자식은 없었지만, 흰 개를 기르며 마치 자식처럼 귀여워했습니다. 그 개는 털이 새하얗기 때문에 〈흰둥이〉라고 불렸습니다.

D02 그런데 옆집에도 할아버지와 할머니가 살고 있었습니다. 하지만 옆집 부부는 질투심도 많고, 구두쇠여서 생각하는 것이라고는 자기 자신뿐이었고, 옆집의 정직한 부부와 흰둥이를 굉장히 싫어했습니다.

D03 어느 날, 정직한 할아버지가 언제나처럼 밭에서 열심히 일하고 있는데, 흰둥이가 여기저기 뛰어다니기 시작했습니다. 그러다가 갑자기 딱 멈춰서더니 짖기 시작했습니다.「여기다, 멍멍! 여기야, 멍!」

音読のつぼ

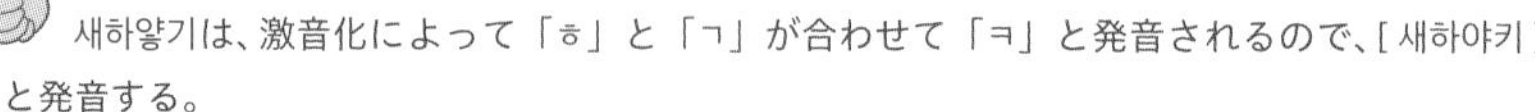
새하얗기は、激音化によって「ㅎ」と「ㄱ」が合わせて「ㅋ」と発音されるので、[새하야키] と発音する。

昔々、小さな村に、正直者のおじいさんとおばあさんがおりました。子どもはありませんでしたが、白い犬を飼っていて、その犬をまるで子どものようにかわいがっておりました。犬は毛並みが真っ白だったので、「シロ」と呼ばれておりました。

さて、お隣にも、おじいさんとおばあさんが住んでいました。けれども、こっちの夫婦はねたみぶかくて、けちんぼうで、考えるのは自分のことばかり。隣の正直者の夫婦とシロをたいそう嫌っておりました。

ある日のこと、正直者のおじいさんが、いつものように畑でせっせと働いていると、シロがあちこち駆けだしました。それから、突然、ぴたりと止まって、ほえだしました。「ここほれ、ワンワン！

ここほれ、ワン！」

D04 「이런 이런, 흰둥아, 왜 그러니?」 할아버지는 빙긋 웃으며 말했습니다. 「뭐 좋은 거라도 찾아낸 거냐? 좋아, 내가 파주마.」

D05 「①십중팔구 빼라도 찾은 게 틀림없어」라고 생각하면서 할아버지는 흰둥이가 파헤치던 땅을 파 나갔습니다. 그런데――나온 것은 커다란 항아리였습니다. 세상에, 그 안에는 커다란 금화가 빼곡히 들어차 있는 것이 아니겠습니까?

D06 흰둥이 덕분에 정직한 할아버지와 할머니는 큰 부자가 되었습니다. 두 사람은 새 논을 사기도 하고 가난한 사람들에게 도움을 베풀기도 했습니다.

D07 정직한 부부가 갑부가 된 것을 알자, 이웃집 심술궂은 할아버지와 할머니는 부러워서 견딜 수 없게 되었습니다.

「그런 노인네들이 왜 갑부가 된 거지? 다른 사람들에게 도움을 베풀다니, 누굴 놀리는 거냐!」 영감이 씩씩거리자 심술쟁이 할멈도 말했습니다.

「저 개를 잡아와서 우리도 부자가 됩시다.」

音読のつぼ

빼곡히は、激音化によって「ㄱ」と「ㅎ」が合わせて「ㅋ」と発音されるので、[빼고키]と発音する。

「おやおや、シロ、どうしたんじゃ？」おじいさんはにっこり笑って、言いました。「何かごちそうでも見つけたんじゃな？　よしよし、わしが掘ってやろう」

「おおかた骨でもあるに違いない」そう思いながら、おじいさんは、シロがひっかく地面を掘っていきました。ところが——出てきたのは、大きな壺でした。なんと、中には大判小判がぎっしりと詰まっているではありませんか。

シロのおかげで、正直者のおじいさんとおばあさんは、大金持ちになりました。ふたりは新しく田んぼを買ったり、貧しい人びとに施しをしたりしました。

正直者の夫婦が大金持ちになったことを知ると、隣の意地悪じいさんとばあさんは、うらやましくて、ねたましくてたまらなくなりました。
「あんな年寄りどもが、どうして大金持ちなんじゃ？　ほかの者に施しをするなぞ！　たわけたことを！」じいさんが息巻くと、意地悪ばあさんも言いました。
「あの犬をさらってきて、わしらも金持ちになるんじゃ！」

D08 이렇게 ②심술쟁이 영감이 몰래 옆집에 가서 그렇게 싫어하던 흰둥이를 잡아왔습니다.

할멈이 흰둥이 목에 밧줄을 채우고서 밭에 끌고 갔습니다.「자, 보물을 찾아라! 얼른 찾아!」

D09 목줄이 괴로워서 흰둥이는 신음하면서 바닥에 쓰러져버렸습니다.

D10 「흐음, 보물이 여기 있는 거냐, 흰둥아?」

〈커다란 금화가 수북하게 발견될 것이 틀림없어.〉 그렇게 생각해서 혼자 싱글벙글거리며 ②심술꾸러기 영감은 부지런히 땅을 파 나갔습니다. 그런데——찾아낸 것은 역겨운 냄새가 나는 더러운 잡동사니뿐.

D11 심술쟁이 할아버지와 할머니는 잔뜩 화가 나서 몽둥이를 쥐더니 흰둥이를 때렸습니다. 가엾게도 흰둥이는 죽고 말았습니다.

こうして、意地悪じいさんはこっそり隣の家に行くと、いやがるシロをさらってきました。
　ばあさんが、シロの首に縄をかけ、畑まで引っぱっていきます。
「ほれ、宝を探さんか！　はよう探すんじゃ！」

　首の縄が苦しくて、シロはうめきながら、地面に倒れてしまいました。

「ふむ、宝はここにあるのじゃな、シロ？」
　大判小判がざくざく見つかるに違いない。そう思ってほくそ笑むと、意地悪じいさんはせっせと地面を掘っていきました。ところが――見つかったのは、いやなにおいのする汚いガラクタばかり。

　意地悪じいさんとばあさんは、すっかり腹を立て、棒をつかむと、シロを打ちすえました。かわいそうに、シロは死んでしまいました。

D12 정직한 할아버지와 할머니는 〈흰둥이가 어디로 간 걸까?〉 걱정하면서 찾고 있었습니다. 흰둥이가 죽어버렸다는 것을 알고, 두 사람이 얼마나 슬퍼했는지…….

D13 두 사람은 눈물을 흘리면서 죽은 흰둥이를 데리고 돌아가는 길에, 작은 소나무 뿌리 밑에 묻어 그곳을 무덤으로 만들어주었습니다. 그리고 매일 아침 흰둥이를 기리며 꽃을 놔두거나 흰둥이가 좋아하던 음식을 갖다놓았습니다.

D14 그러자 어느 날 밤, 흰둥이가 꿈에 나와 두 사람에게 이런 말을 했습니다.

「할아버지, 할머니, 제 무덤에 있는 소나무로 절구를 만들어주세요.」

D15 다음날 아침, 두 사람이 평소처럼 흰둥이 무덤이 있는 소나무에 가보니, 겨우 하룻밤 사이에 조그맣던 소나무가 크고 훌륭하게 자라나 있었습니다. 이거면 절구를 만들 수 있을 것 같습니다.

音読のつぼ

슬퍼했는지は、音節の終わりの音のルールによってパッチム「ㅆ」は代表音「ㄷ」で、子音同化によって「ㄴ」と発音されるので、[슬퍼핸는지]と発音する。

正直者のおじいさんとおばあさんは、「シロはどこに行ったんじゃろうか？」と心配で、さがしておりました。シロが死んでしまったと知って、ふたりがどれほど悲しんだことか……。

ふたりは涙に暮れながら、シロのなきがらを連れかえると、小さな松の根元に埋めて、そこをお墓にしてあげました。そうして毎朝、お墓参りをして花をたむけ、シロの好きだった食べ物を供えてあげました。

すると、ある晩、シロが夢に出てきて、ふたりにこんなことを言いました。

「おじいさん、おばあさん、ぼくのお墓の松の木で、臼（うす）をつくってくださいな」

次の朝、ふたりがいつものようにシロのお墓の松の木のところに行ってみると、なんと、一晩で、小さかった松が大きく立派に育っています。これなら、臼をつくれそうです。

D16 「이건 흰둥이에게 받은 선물이야. 흰둥이 말대로 절구를 만들자꾸나.」

정직한 할아버지와 할머니는 절구를 만들어 떡을 치기 시작했습니다. 그러자——쌀이 금 알갱이로 변해가는 게 아니겠습니까?

D17 그 얘기를 듣더니, 심술궂은 할아버지와 할머니는 다시 맹렬히 화를 냈습니다.「왜 옆집만 ③재수가 좋고, 우리는 부자가 되지 않는 거야! 기다려봐. 지금 가서 절구를 빌려올께.」

심술쟁이 영감은 정직한 부부가 싫다는데도 억지로 절구를 빼앗듯 가져왔습니다. 그리고는 떡을 치기 시작했습니다. 그런데——어떻게 해도 나오는 것은 징그러운 벌레와 냄새나는 진흙뿐이었습니다.

D18 심술쟁이 할아버지와 할머니는 ④화가 머리끝까지 났습니다. 도끼로 절구를 때려부수고 불태워버렸습니다.

音読のつぼ

싫다는데도は、激音化によって二重パッチムの「ㄹㅎ」の中に「ㅎ」が「ㄷ」と合わせて「ㅌ」と発音されるので、[실타는데도]と発音する。

「これはシロからの贈り物じゃ。シロの言うとおり、臼をつくろう」
臼をつくると、正直者のおじいさんとおばあさんは、餅をつきはじめました。すると――米が金のつぶに変わっていくではありませんか。

その話を聞きつけると、意地悪じいさんとばあさんは、また猛烈に腹を立てました。「なんで隣ばかりよい目にあって、わしらは金持ちにならんのじゃ！　待っておれ。これから臼を借りてきてやる」
意地悪じいさんは、正直者の夫婦がいやだと言うのに、力づくで臼を取りあげて、持ってきました。そうして、餅をつきはじめました。ところが――ついてもついても、出てくるのは、いやな虫やらくさい泥ばかりです。

意地悪じいさんとばあさんは、もうかんかんです。斧で臼をこなごなに叩きわり、燃やしてしまいました。

D19 정직한 할아버지가 〈절구를 돌려달라〉며 찾아왔지만 심술쟁이 할아버지와 할머니는 아랑곳하지 않고 말했습니다.「저딴 거, 부숴서 태워버렸지 뭔가」라며 사죄하는 말 한마디 없었습니다. 그리고는 비웃으며 계속 얘기했습니다.「그래, 재라도 모아 가든가.」

D20 정직한 할아버지는 울면서 큰 바구니에 재를 모아 집으로 가져갔습니다.

「내일 아침에 흰둥이 무덤에 가져다줍시다.」할아버지의 이야기를 듣고서는 할머니가 말했습니다.

D21 그날 밤, 흰둥이가 다시 꿈에 나와 말했습니다.

「내일은 재를 가지고 제 무덤 말고 큰길가로 가주세요. 임금님의 행렬이 지나가고 있을 때 재를 죽은 나무에 뿌려주세요. 그러면…….」

音読のつぼ

아랑곳하지は、音節の終わりの音のルールによってパッチム「ㅅ」は代表音「ㄷ」に、激音化によって「ㄷ」と「ㅎ」が合わせて「ㅌ」と発音されるので、[아랑고타지] と発音する。

正直者のおじいさんが「臼を返してくれんかのう」とやってくると、意地悪じいさんとばあさんは、悪びれもせずに言いました。「あんなもの、割って燃やしてやったわい」わびの言葉ひとつありません。そうして、せせら笑って続けました。「ほれ、灰でも集めたらどうじゃ」

正直者のおじいさんは、泣きながら、大きなかごに灰を集め、家に持って帰りました。
「明日の朝、シロのお墓に持っていてあげましょう」おじいさんから話を聞くと、おばあさんが言いました。

その晩、シロがまた夢に出てきて言いました。
「明日は、灰を持って、ぼくのお墓ではなく、大きな通りに行ってくださいな。殿様の行列が通りますから、そのとき、灰を枯れ木にまいてくださいな。そうすれば……」

D22 이튿날 아침, 할아버지와 할머니가 큰길가에 나가보니 흰둥이가 말한 대로 사람들이 임금님의 행렬을 기다리고 있었습니다.

D23 이윽고 행렬이 다가오고 모두가 땅에 엎드려 있는 가운데, 할아버지가 벌떡 일어나 큰 소리로 말했습니다.

「나는 꽃 피우는 할아버지라고 불립니다. 이 고목에 꽃을 피워보겠소.」

D24 수행하던 사람들이 쫓아내려고 뛰어왔습니다. 하지만 임금님은 재미있어 하면서 말했습니다.

「허허허, ⑤얼토당토않은 소리가 아닌가. 네가 고목에 꽃을 피운다고? 지금 당장 피워보지 그래?」

D25 「네, 임금님. 지금 보여드리겠습니다.」 할아버지는 재를 한 움큼 집어들더니 고목을 향해 뿌렸습니다. 그리고 또 한 움큼 ……. 그러자 이 얼마나 놀라운 일입니까?

音読のつぼ

행렬을は、子音同化によってパッチム「ㅇ」の後ろに「ㄹ」がつくと「ㄹ」は「ㄴ」と発音されるので、[행녀를] と発音する。

あくる朝、おじいさんとおばあさんが大きな通りに行くと、シロのお告げのとおり、人びとが殿様の行列を待っているところでした。

やがて、行列が近づいて、みなが地面にひれふしている中、おじいさんは立ちあがり、大きな声で言いました。
「わたくしは、花咲かじいさんと申す者。枯れ木に花を咲かせましょう」

お供の者がやめさせようと飛んできます。でも、殿様はおもしろがって言いました。「途方もない話じゃないか。そちは、枯れ木に花を咲かせると申すか。今すぐ咲かせるとな？」

「はい、殿様。ただちにご覧にいれまする」おじいさんは灰をひとつかみすると、枯れ木に向かってまきました。それから、もうひとつかみ……。すると、なんという驚きでしょう。

D26 벚꽃에 자두꽃에 살구꽃이 활짝 핀 것입니다.

D27 「대단하구나. 저 자에게 상을 내려라.」 임금님께서 말했습니다.

D28 그런데 그때 또 다른 목소리가 들렸습니다. 「아니, 나야말로 진짜 꽃 피우는 할아버지. 포상이라면 나에게 줘야 하오.」

D29 목소리의 주인공은 심술쟁이 할아버지였습니다. 심술쟁이 할머니가 정직한 할아버지의 손에서 재가 든 바구니를 빼앗아 심술쟁이 할아버지에게 건네주었습니다. 영감은 남아 있던 재를 고목을 향해 뿌렸습니다. 하지만 꽃이 피기⑥는커녕 재는 바람에 날려 임금님의 얼굴에 폭삭 내려앉았습니다.

D30 「쿨럭쿨럭. 이럴 수가! 저 멍청이 같은 부부를 잡아서 감옥에 보내라.」

이렇게 심술쟁이 할아버지와 할머니는 오랫동안 옥에 갇혔습니다. 나쁜 짓의 응보를 받은 것입니다.

音読のつぼ

갇혔습니다は、口蓋音化によって「ㄷ」と「ㅎ」が合わせて「ㅊ」と発音されるので、[가쳤씀니다] と発音する。[씀니다] は子音同化によるものです。

桜にスモモにアンズの花が、ぱっといっせいに咲いたのです。

「みごとじゃ。あの者にほうびをとらせよ」殿様は言いました。

ところが、そのとき、別の声がしました。「いやいや、わしこそ、本物の花咲かじいさん。ほうびなら、このわしに」

声の主は、意地悪じいさんでした。意地悪ばあさんが、正直者のおじいさんの手から灰のかごを奪いとると、意地悪じいさんに渡します。じいさんは、残っていた灰を枯れ木に向かってまきました。けれども、花が咲くどころか、灰は風に運ばれて、殿様の顔にどっさり降りかかってしまいました。

「ごほん、ごほん。なんとふらちな。あのばか者夫婦を引っとらえて牢に入れよ」

こうして、意地悪じいさんとばあさんは、長い長い間、牢につながれ、悪さの報いを受けましたとさ。

① 십중팔구「十中八九」

십중팔구 빼라도 찾은 게 틀림없어 (p.90, 3行目)
おおかた骨でもあるに違いない

ほとんど間違いないという時に使います。ある事柄に対して固く信じていたり、当然そうだと思った時に主に使います。

② 심술쟁이 / 심술꾸러기「意地悪者」

심술쟁이 영감 / 심술꾸러기 영감 (p.92, 1, 8行目)
意地悪じいさん

意地悪な人を見下す言葉ですが、「심술꾸러기」は、より面白い、かわいい、ユーモラスなどのニュアンスが入っている表現です。

③ 재수가 좋다「よい目にあう」

왜 옆집만 재수가 좋고 (p.96, 6行目)
なんで隣ばかりよい目にあって

よいことが起こる、運がよいという表現です。

④ 화가 머리끝까지 나다「怒り心頭に発する」

할아버지와 할머니는 화가 머리끝까지 났습니다. (p.96, 12行目)
じいさんとばあさんは、もうかんかんです。

直訳すると「頭のてっぺんまで怒っている」という意味で、とても怒っている状態を表現する時に使います。

⑤ 얼토당토않다「とんでもない」

얼토당토않은 소리가 아닌가.（p.100, 9行目）
途方もない話じゃないか。

仕事や言葉などがつじつまの合わない時に使う表現です。

［例文］ 그가 며칠간의 궁리 끝에 내놓은 해결책은 정말 얼토당토않는 얘기였다.
彼が数日間悩んだ末に出した解決策はとんでもない話だった.

⑥ ~는커녕「～どころか」

하지만 꽃이 피기는커녕 재는 바람에 날려（p.102, 8行目）
けれども、花が咲くどころか、灰は風に運ばれて、

主に否定を表す文章に使われ、前述の内容よりもさらに悪い状況が来て、否定的な意味を強調する補助詞です。

［例文］ 그는 비행기는커녕 기차도 타 본 적이 없다. 彼は飛行機どころか電車にも乗ったことがない。

MP3 5

一寸法師

일촌법사

E01

옛날 옛적 한 옛날.

〈나니와〉라는 곳에 젊은 부부가 살고 있었습니다.

두 사람은 선량하고, 화목하며, 행복하게 살고 있었습니다. 하지만 단 하나, 아이가 없다는 것이 슬픔이었습니다.

E02

그래서 아이를 가질 수 있도록, 두 사람은 매일 스미요시 신사에 참배하러 갔습니다.「제발 아이를 가지게 해주세요. 비록 한 치(엄지)만 한 아이일지라도 소중하게 키우겠습니다.」

E03

마침내 두 사람의 소원이 이루어졌습니다. 몇 달 후 갓난아기가 태어난 것입니다. 크기는 한 치 정도밖에 되지 않았지만, 원기 왕성한 아기였습니다. 부부는 매우 기뻐하고 아기를 귀여워하며 〈일촌법사〉라고 이름을 지었습니다.

音読のつぼ

선량하고は、流音化によってパッチム「ㄴ」は「ㄹ」の前で「ㄹ」と発音されるので、[설량하고] と発音する。갓난아기は、子音同化と連音現象によって [간나나기] と発音する。

昔々のその昔。
難波(なにわ)に若い夫婦がおりました。

ふたりは善良で、仲むつまじく、幸せに暮らしておりました。けれども、たったひとつ、子どもがいないことだけを悲しく思っておりました。

そこで、子どもを授かれるよう、ふたりは毎日住吉大社にお参りにいきました。「どうか子どもを授けてくだされ。たとえ、一寸（親指）ほどの子どもでも、大切に育ててまいります」

やがて、ふたりの願いはかないました。数ヵ月後、赤ん坊が生まれたのです。大きさは一寸ほどしかありませんが、元気いっぱいの赤ん坊です。夫婦はたいそう喜んで、赤ん坊を可愛がり、「一寸法師」と名づけました。

E04 그런데 몇 년이 지나도 〈일촌법사〉는 자라지 않았습니다. 다섯 살이 되고, 일곱 살이 되고, 열 살이 되고, 열두 살이 되어도 몸은 ①엄지만 한 크기 그대로입니다.

E05 남들과 다르다는 것은 쉬운 일이 아닙니다. 특히 어린 시절은 더욱 그렇지요. 하지만 일촌법사는 다른 아이들의 놀림을 받고 비웃음을 당해도, 같이 웃으며「진짜 그렇네」라고 말할 뿐이었습니다. 일촌법사는 모두에게 상냥해서 언제나 ②싱글벙글하고 다녔습니다. 그러는 동안 다른 아이들도 업신여기지 않게 되었고 일촌법사와 사이가 좋아졌습니다. 그렇습니다. 비록 몸은 작아도 일촌법사는 마음이 넓고 컸던 것입니다.

音読のつぼ

같이は、口蓋音化によってパッチムの音「ㅌ」の後ろに「ㅣ」母音がつくと「ㅊ」と発音されるので、[가치] と発音する。

ところが、何年たっても、一寸法師は大きくなりません。5歳になり、7歳になり、10歳になり、12歳になっても、体は一寸のままなのです。

人と違っているというのは、なかなか簡単なことではありません。とりわけ、子どもの時分はそうでしょう。けれども、一寸法師はほかの子たちにからかわれ、笑われても、いっしょに笑って、「ほんとうだ」と言うだけでした。一寸法師は、みなに優しく、いつもにこにこしていたのです。そのうち、ほかの子たちもばかにしなくなり、すぐに一寸法師と仲よくなりました。そう、たとえ体は小さくとも、一寸法師は心が広く大きかったのです。

E06

꿈에 대해 말하자면, 일촌법사의 꿈은 상당히 컸습니다. 어느 날 일촌법사는 아버지와 어머니를 마주하고 똑바로 앉아서 말했습니다.

「아버님, 어머님, 저는 수도로 가고 싶습니다.」「교토에 가고 싶다고? 혼자서?」 어머니가 깜짝 놀라 말했습니다.

「네. 교토는 일본 제일의 도시라고 들었습니다. 저는 교토에 가서 ③명성을 날리고 싶습니다.」

「하지만 넌 아직 아이…….」

아버지도 어머니도 일촌법사와 떨어져 있고 싶지 않았습니다. 두 사람은 어떻게든 붙잡으려고 했지만 결국에는 수도에 가도 좋다고 허락해주었습니다.

E07

「알았다. 너에게 지금까지 소망을 이루기 위해서 노력하라고 가르쳐왔다. 도읍에 가서 훌륭하게 되거라.」

「아버님, 감사합니다.」

이렇게 해서 일촌법사는 여행의 준비를 갖추었습니다.

夢だって、一寸法師の夢はたいそう大きなものでした。ある日、一寸法師はお父さんとお母さんのところに行くと、きちんと座って言いました。

「父上、母上、私は都（みやこ）に行きとうございます」

「京の都に行きたいとな？　ひとりでか？」お母さんがびっくりして言いました。

「はい。京は日本一の都と聞きました。私は京にて一旗あげてみたいのです」

「しかし、おまえはまだ子ども……」

お父さんもお母さんも、一寸法師と離れたくありません。ふたりはなんとか引きとめようとしましたが、最後には、とうとう都に行ってもよいと認めました。

「わかった。おまえには、これまでずっと、望みをかなえるために励むようにと教えてきた。都へ行って、立派になってまいれ」

「父上、ありがとうございます」

こうして、一寸法師は旅のしたくを整えました。

E08 어머니는 일촌법사에게 가장 가는 바늘을 주었습니다. 그 바늘을 칼집 대신 볏짚에 넣고는 칼을 대신해서 일촌법사에게 주었습니다. 아버지는 배 대신에 밥공기를, 배를 젓는 노 대신에 젓가락을 가져다 주었습니다.

E09 다음날 아침, 일촌법사는 아버지, 어머니와 함께 강으로 향했습니다. 그리고 밥공기 배에 올라타더니, 노 대신 젓가락을 손에 들고 물가를 벗어났습니다.

E10 「조심하거라. 잘 하는구나. 자신의 힘을 믿는 거다.」 아버지와 어머니가 큰 소리로 외쳤습니다.

E11 「네, 다녀오겠습니다. 아버님, 어머님. 반드시 돌아오겠습니다. 훌륭한 사람이 되어 돌아가겠습니다.」

E12 일촌법사는 매일매일을 열심히 밥그릇 배를 저어 조금씩 강을 거슬러 올라갔습니다. 도중에도 몇 번이나 강한 비바람을 만나 밥그릇 배가 뒤집[④]힐 뻔했습니다. 물고기나 새에게 잡아먹[④]힐 뻔한 적도 한두 번이 아니었습니다. 하지만 일촌법사는 그때마다 용감하고 지혜롭게 맞서며 헤쳐 나갔습니다.

音読のつぼ

젓는と믿는は、音節の終わりの音のルールと子音の同化によってそれぞれ［전는］、［민는］と発音する。

お母さんは、一寸法師にいちばん細い針をくれました。その針を、さやがわりのわらにおさめると、刀のかわりに一寸法師にわたします。お父さんは、舟のかわりにお椀を、舟をこぐ櫂(かい)のかわりに箸を持ってきてくれました。

あくる朝、一寸法師は、お父さんとお母さんとともに、川へと向かいました。そうして、お椀の舟に乗りこむと、櫂がわりの箸を手に、岸を離れていきました。

「気をつけるんじゃぞ。達者でな。己の力を信じるのじゃぞ」お父さんとお母さんが大きな声で呼びかけます。

「はい、行ってまいります、父上、母上。必ずや帰ってまいります。立派になってもどります」

それから、一寸法師は、くる日もくる日も懸命にお椀の舟をこぎ、少しずつ川をのぼっていきました。途中何度も、強い雨風にあい、お椀がひっくりかえりそうになりました。魚や鳥に食べられそうになったことも、一度や二度ではありません。けれども、一寸法師はそのたびに勇ましく知恵をもって立ち向かい、切りぬけていきました。

E13 그리고 마침내 교토에 도착했습니다. 수도의 큰길을 보면서 일촌법사는 꿈을 꾸고 있는 것이 아닐까 생각했습니다.「얘기 들은 대로네. 교토는 일본 제일의 수도.」

E14 이 즈음 교토는 수많은 사람들로 붐볐습니다. 사람들이 분주하게 거리를 지나다니고, 말과 짐수레도 끊임없이 지나갑니다.

E15 일촌법사는 말에 치이지 않도록 조심하면서, 〈고조〉 거리에서 〈삼조〉 거리까지 걸어보았습니다. 그때 눈 앞에, 커다란 저택이 나타나는 것이 아니겠습니까?

E16 「여긴 고관대신의 저택임에 틀림없어. 모실 수 있는지 물어보자.」

E17 일촌법사는 망설임 없이 문을 통과했습니다. 작아서 문지기한테도 보이지 않았습니다. 그리고는 저택의 정문 현관을 향해 ⑤목청껏 외쳤습니다.「실례합니다! 누군가 안 계시나요?」

音読のつぼ

수많은は、「ㅎ」脱落によってパッチム「ㅎ」は母音の前に来ると発音しないので、二重パッチムの「ㄴㅎ」のうち、「ㅎ」は脱落して［수만은］、そして連音現象によって［수마는］と発音する。

そうしてついに、京の都にたどり着きました。都の大通りを目にすると、一寸法師は夢を見ているのかと思いました。「話に聞いたとおりじゃ。京は日本一の都！」

このころ、京はたいそうな人でにぎわっておりました。人びとはせわしなく通りを行きかい、馬や荷車もひっきりなしに通っていきます。

一寸法師は、ひかれないように気をつけながら、五条通りから三条通りまで歩いてみました。と、目の前に、大きな屋敷があるではありませんか。

「これは、大臣さまのお屋敷に違いない。お仕えできるか、尋ねてみよう」

一寸法師はためらうことなく門をくぐりました。小さいので、門番にも見つかりません。そうして、屋敷の正面玄関に向かうと、あらんかぎりの声で叫びました。
「お頼みもうします！　どなたかおられませぬか？」

E18

그곳에 마침 저택의 주인인 〈산조 대신〉이 지나가고 있었습니다. 그런데 아이의 목소리는 들리지만, 모습이 보이지 않았습니다.

「글쎄, 목소리가 들린 것 같았는데…….」

「여기 있습니다. 눈 앞에. 아래쪽 더 아래쪽이에요.」

일촌법사의 모습을 보자 산조 대신은 놀라서 물었습니다.

「그대는 누구인가?」

「저는 일촌법사라고 합니다. 훌륭한 사람이 되기 위해 나니와에서 왔습니다. 대신님을 모시도록 해주시겠습니까?」

그 말을 듣고서 산조 대신은 즐거운 듯이 웃었습니다. 〈굉장히 재미있는 젊은이〉라고 생각한 것입니다. 대신은 그 자리에서 대답했습니다.

「괜찮겠구나. 섬기거라.」

이렇게 일촌법사는 산조 대신을 섬기기 시작했습니다.

そこに幸い、屋敷の主（あるじ）、三条の大臣が通りかかりました。けれども、子どもの声はするものの、姿が見えません。

「さて、声が聞こえた気がしたが……」

「こちらにおります。目の前に。下のほう、もっと下でございます」

一寸法師の姿を見ると、三条の大臣は驚いて尋ねました。

「そちは誰か？」

「一寸法師にございます。立派な人になるために、難波から出てまいりました。大臣さまにお仕えさせていただけませぬか？」

それを聞いて、三条の大臣は楽しそうに笑いました。「たいそう面白い若者だ」と思ったのです。大臣はすぐに答えました。

「よかろう。仕えるがよい」

こうして、一寸法師は三条の大臣に仕えはじめました。

E19 일촌법사는 금세 모두에게서 호감을 샀습니다. 부지런하고, 맡은 일은 언제나 전력으로 해냈기 때문입니다. 대신의 딸인 아름다운 아씨님도 일촌법사를 마음에 들어했습니다. 아씨님에게는 일촌법사가 이 세상에서 가장 사랑스러운 것 같습니다. 두 사람은 금방 서로 마음을 터놓게 되었습니다.

E20 그러던 어느 날, 아씨님이 하인들을 데리고 기요미즈데라에 참배하러 갔습니다. 물론 일촌법사도 함께 했습니다. 그런데 도중에 큰 도깨비가 나타나 아씨님에게 덤벼들지 않겠습니까? 말만 한 큰 도깨비입니다.

E21 하인들은 [6]꼼짝 못하고 말았습니다. 하지만 일촌법사는 그렇지 않았습니다. 공주님을 감싸고 얼른 도깨비 앞을 가로막은 것입니다.

E22 「물러서라! 이 분은 삼조의 아씨님이다. 지금 당장 여기서 꺼지거라. 그렇지 않으면 내가 상대하겠다.」

一寸法師は、たちまちみなから好かれました。働き者で、頼まれた仕事はいつでも全力でこなしていたからです。大臣の娘の美しい姫君も、一寸法師を気に入っておられました。姫君には、一寸法師がこの世でいちばん愛おしいものに思えたのです。ふたりはすぐに打ちとけあうようになりました。

そんなある日、姫君がお供の者たちをつれて、清水寺にお参りにいきました。もちろん、一寸法師もいっしょです。ところがその途中、大きな鬼が現れて、姫君に襲いかかってくるではありませんか。馬ほどもある大きな鬼です。

お供の者たちは腰をぬかしてしまいました。けれども、一寸法師は違います。姫君をかばい、さっと鬼の前に立ちはだかったのです。

「ひかえよ！　こちらは三条の姫君ぞ。今すぐここを去れ。さもなくば、我が相手となろうぞ！」

E23 도깨비는 일촌법사를 보자 〈흥〉 하고 비웃었습니다.

「세상에, 콩알만 한 네가 나를 어떻게 하겠다는 거냐? 너 따윈 너무 작아서 아침식사로도 부족해. 이 콩알 같은 놈아, 한입에 해치워 주마.」

그렇게 말하면서, 도깨비는 일촌법사를 집어들더니 입 속에 넣어 삼켜버리고 말았습니다.

E24 하지만 그런 일로 일촌법사는 기죽지 않습니다. 도깨비의 뱃속에서 바늘칼을 뽑아서 「에잇! 에잇!」 하고 찔러댔습니다.

E25 「아파, 아파! 아이, 아파라!」 도깨비는 아파서 외쳤습니다. 「알았다, 그만해. 항복이다. 항복한다!」

E26 그래도 일촌법사는 칼을 움직이는 손을 멈추지 않았습니다. 「에잇! 에잇!」 하고 배를 계속 찔렀습니다. 마침내 도깨비는 일촌법사를 뱉어내고, 「아파, 아파」 하고 울상을 지으며, 후다닥 도망쳤습니다.

鬼は一寸法師を見ると、フンと笑いました。

「なんと、おまえのような豆粒が、わしをどうするとな？　おまえなぞ、小さすぎて朝飯にもならんわい。この豆粒め、ひと口で片づけてやる」

そう言うと、鬼は一寸法師をつまみあげ、口に放りこんでしまいました。

けれども、そんなことで一寸法師はひるみません。鬼の胃袋の中、針の刀をぬいて、「えいや！　えいや！」と突き刺していきました。

「痛い、痛い！　おい、痛いぞ！」鬼は痛くて叫びました。「わかった、やめろ。降参だ。降参する！」

それでも、一寸法師は刀を動かす手を止めません。「えいや！　えいや！」とおなかを突きつづけます。とうとう、鬼は一寸法師を吐きだして、「痛い、痛い」とべそをかきながら、すたこら逃げていきました。

E27 「일촌법사님, 도와주셔서 감사합니다. 당신은 제 생명의 은인입니다.」 아씨님이 말했습니다.

「무슨 그런 말씀을.」 일촌법사는 얼굴이 새빨개졌습니다. 그때 아씨님이 놀라 소리를 질렀습니다. 「어머나, 도깨비가 뭔가를 떨어뜨렸네.」

E28 보니까 땅바닥에 기묘한 방망이가 뒹굴고 있었습니다.

E29 「이게 뭘까요?」 일촌법사는 물었습니다.

E30 「분명, 이것은 도깨비의 보물 중 하나인 〈도깨비 방망이〉. 아까 그 도깨비 것이 아니겠습니까? 이 방망이는 신기한 힘을 가지고 있어서 소원을 빌고 이걸 흔들면 원하는 게 다 나오고, 소원이 다 이루어진다고 합니다. 일촌법사의 소원은 뭔가요?」

「몸이 커지고 싶다는 바람이 있습니다.」 일촌법사는 대답했습니다.

音読のつぼ

새빨개졌습니다は、音節の終わりの音のルールによって「ㅆ」は「ㄷ」、子音同化によってパッチム「ㅂ」は「ㅁ」と発音されるので、[새빨개젿씀니다] と発音する。

「一寸法師、よくぞ助けてくれました。あなたは命の恩人です」姫君が言いました。

「もったいないお言葉」一寸法師は顔が赤くなりました。

その時、姫君が驚いた声をあげました。「あら、鬼が何か落としていった」

見ると、地面に奇妙な小槌（こづち）がころがっています。

「これは何でしょう？」一寸法師は尋ねました。

「きっと、これは鬼の宝のひとつ、《打ち出の小槌》。さっきの鬼のものなのでしょう。この小槌は不思議な力を持っていて、願い事をしてこれを振れば、願ったものは何でも出てきて、願いはすべてかなうと言われています。一寸法師の願い事は何？」

「大きくなりたいと願っています」一寸法師は答えました。

E31 아씨님은 천천히 방망이를 휘두르며 말했습니다.「몸아 커져라, 커져라.」그러자 순식간에 일촌법사가 커졌습니다.

E32 지금 아씨님 앞에는 아주 키가 큰 늠름한 젊은이가 서 있습니다.

E33 산조 대신은 일촌법사의 활약을 듣고, 몸이 커진 것을 알자 매우 기뻐했습니다. 대신은 일촌법사와 따님의 결혼을 허락하고, 두 사람에게 큰 저택을 내어주었습니다.

E34 얼마 후 일촌법사는 나니와로 돌아가 아버지와 어머니를 교토로 모셔왔습니다. 그리하여 모두 함께 언제까지나 행복하게 살았습니다.

音読のつぼ

늠름한は、子音同化によってパッチム「ㅁ」の後ろに「ㄹ」がつくと、「ㄹ」は「ㄴ」と発音されるので、[늠늠한] と発音する。

そこで、姫君はゆっくりと小槌を振りながら、言いました。「大きくなあれ、大きくなあれ」すると、みるみるうちに一寸法師が大きくなっていきました。

今や、姫君の前には、たいそう背の高い、立派な若者が立っています。

三条の大臣は、一寸法師の活躍を聞き、背が高くなったことを知ると、たいそう喜びました。大臣は一寸法師と姫君の結婚を許し、ふたりに立派な屋敷を与えました。

それからまもなく、一寸法師は難波に帰って、お父さんとお母さんを京に呼びました。そうして、みなでいつまでもいつまでも幸せに暮らしましたとさ。

① 엄지만 한 크기「親指くらいの大きさ」

열두 살이 되어도 몸은 엄지만 한 크기 그대로입니다.（p.110, 2–3行目）
12歳になっても、体は一寸のままなのです。

韓国語の指の名前：엄지（親指）、검지（人差し指）、중지（中指）、약지（薬指）、새끼손가락（小指）

② 싱글벙글「にこにこ」

모두에게 상냥해서 언제나 싱글벙글하고 다녔습니다.（p.110, 7行目）
みなに優しく、いつもにこにこしていたのです。

目と口をそっと動かしたり口を開けたりして、音を立てずに楽しく明るく笑う様子を表す言葉です。

③ 명성을 날리다「名声を馳せる」

저는 교토에 가서 명성을 날리고 싶습니다.（p.112, 5–6行目）
私は京にて一旗あげてみたいのです。

「立派になって名前を広く知らせる」という意味に使われます。

［類義語］ 명성을 떨치다. 名声を轟かす。

④ ~ㄹ 뻔하다「～しそうになる」

뒤집힐 뻔했습니다.（p.114, 下から3行目）
ひっくりかえりそうになりました。

잡아먹힐 뻔한 적도（p.114, 下から3行目）
食べられそうになったことも、

動詞の冠形詞形語尾「-ㄹ」の後ろに置かれ、前の言葉が意味することや動作が実際には起こらなかった可能性がとても高かった、という意味を表しています。

⑤ 목청껏「声を限りに」

현관을 향해 목청껏 외쳤습니다.（p.116, 下から2–1行目）
玄関に向かうと、あらんかぎりの声で叫びました。

出せるだけの力を尽くして大声を出す時に使う表現です。

⑥ 꼼짝 못하다「動けない」

하인들은 꼼짝 못하고 말았습니다.（p.120, 10行目）
お供の者たちは腰をぬかしてしまいました。

権勢や力に押されて少しも身動きができないという意味です。

ワードリスト

ㄱ

- □ 가난　貧乏
- □ 가장자리　端
- □ 간신히　辛うじて
- □ 간절히　切に
- □ 감시　監視
- □ 감옥　監獄
- □ 갑부　大金持ち
- □ 개울　小川
- □ 거짓말　うそ
- □ 곁　傍ら
- □ 고목　枯木
- □ 곤란하다　困る
- □ 광경　光景
- □ 교활한　狡猾な
- □ 구두쇠　けち
- □ 군데군데　ところどころ
- □ 궁궐　御殿
- □ 기묘한　奇妙な
- □ 깃털　羽毛
- □ 꼬마　ちびっ子

ㄴ

- □ 너구리　タヌキ
- □ 놀림　冷やかし
- □ 눈보라　雪煙
- □ 늠름한　凜とした

ㄷ

- □ 다발　束
- □ 달빛　月影
- □ 대패　鉋
- □ 덫　わな
- □ 도깨비　化け物
- □ 도끼　斧
- □ 도마　まな板
- □ 된장　味噌
- □ 뒷걸음질　後ずさり
- □ 뒹굴다　寝転ぶ
- □ 드문드문　ぽつりぽつり
- □ 따끔거리다　ちくちくする
- □ 땔나무　薪

ㅁ

- □ 마찬가지　同じように
- □ 망　見張り
- □ 맹세　誓い
- □ 명성　名声
- □ 모셔오다　お連れする
- □ 몰래　密かに
- □ 몸집　からだつき
- □ 무덤　墓
- □ 무사하다　無事だ
- □ 무찌르다　打ち破る
- □ 문지기　門番
- □ 물리치다　退ける

ㅂ

- □ 바구니　かご
- □ 바둥바둥거리다　じたばたする
- □ 밥그릇　飯椀
- □ 밧줄　綱
- □ 베풀다　施す
- □ 베틀　織機
- □ 복숭아　桃
- □ 부싯돌　火打ち石
- □ 부엌　台所

□ 부쩍부쩍　ぐいぐい
□ 분주하다　慌ただしい
□ 불안감　不安感
□ 비바람　風雨
□ 빙긋　にっこり
□ 빨래　洗濯

ㅅ

□ 산기슭　山のふもと
□ 살림살이　暮しぶり
□ 상처　傷口
□ 새끼줄　縄
□ 새침하게　つんと澄まして
□ 선량하다　善良だ
□ 소금　塩
□ 소망　望み
□ 소스라치다　身の毛がよだつ
□ 소원　願い
□ 소중히　大切に
□ 송진　松脂
□ 쇠방망이　金棒
□ 수북하게　うずたかく
□ 수척　痩せこせ
□ 순식간　あっという間に
□ 승부　勝負
□ 신기한　不思議な
□ 신음　呻吟
□ 심정　心情
□ 쓸쓸하다　さびしい
□ 씨앗　種

ㅇ

□ 아랑곳　気に触ること
□ 아무쪼록　どうか
□ 아물다　癒える
□ 알아채다　感づく
□ 약속　約束
□ 얼얼하다　ひりひりする
□ 업신여기다　軽蔑する
□ 역겨운　鼻持ちならない
□ 염탐　内偵
□ 엿보다　覗く
□ 오두막　小屋
□ 올가미　罠
□ 울상　泣きべそ
□ 원수　怨讐
□ 유인하다　誘き寄せる
□ 은혜　恵み
□ 응보　応報

ㅈ

□ 자비　慈悲
□ 잡동사니　がらくた
□ 장사　壮士
□ 저택　邸宅
□ 전속력　全速力
□ 절구　臼
□ 절굿공이　杵
□ 젓가락　お手もと
□ 정월　正月
□ 졸개　手下
□ 지혜　知恵
□ 진흙　泥
□ 질투심　嫉妬心
□ 짐수레　荷車
□ 징그럽다　気味が悪い
□ 찧다　つく

ㅊ

□ **참견하다**　ちょっかいを出す
□ **참배**　参拝
□ **천벌**　天罰
□ **천장**　天井
□ **추위**　寒さ

ㅋ

□ **키**　（船の）舵

ㅌ

□ **통렬한**　痛烈な
□ **퇴치**　退治

ㅍ

□ **포목상**　呉服屋
□ **포상**　褒賞
□ **폭삭**　すっかり
□ **풍년**　豊年
□ **풍작**　豊作

ㅎ

□ **할퀴다**　引っ掻く
□ **항복**　降参
□ **항아리**　壺
□ **행렬**　行列
□ **허락**　承諾
□ **헤엄**　泳ぎ
□ **호감**　好感
□ **호소하다**　訴える
□ **화목하다**　むつまじい
□ **화살**　矢
□ **화상**　火傷
□ **훌륭한**　立派な
□ **힘겹다**　手に余る

한국어로 읽는 일본의 옛날이야기
韓国語で楽しむ日本昔ばなし

2021年 3 月 6 日　第1刷発行

韓国語訳　キム・ヒョンデ

発 行 者　浦　晋亮

発 行 所　IBCパブリッシング株式会社
〒162-0804 東京都新宿区中里町29番3号 菱秀神楽坂ビル9F
Tel. 03-3513-4511　Fax. 03-3513-4512
www.ibcpub.co.jp

印 刷 所　株式会社シナノパブリッシングプレス

CDプレス　株式会社ケーエヌコーポレーションジャパン

ISBN978-4-7946-0654-9